KLANGRÄUME

Architektur und Raumgestaltung
Deutschland, Österreich, Schweiz

Chris van Uffelen

KLANGRÄUME

Architektur und Raumgestaltung
Deutschland, Österreich, Schweiz

Opernhäuser,
Tonstudios,
Musicalbühnen,
Konzertsäle,
Ballhäuser, Theater,
Clubs, Tanzlokale,
Sakralbauten,
Philharmonien, …

ff publishers

INHALT

PRELUDE – INTRO – AUFTAKT	6

PROJEKTE 12

Mercatorhalle im City Palais — 14
Busmann + Haberer

Red Bull Studios — 18
Nau2, Optimist

Anneliese Brost Musikforum Ruhr — 22
Bez + Kock Architekten
Architekturbüro Bernhard Mensen

Tanzstudio 60/30 — 26
Till Robin Kurz Architekt

Le Théâtre Gersag — 30
MMJS Jauch-Stolz Architekten

Konservatorium Zürich — 34
Fischer Architekten

Kulturzentrum Neun — 38
nbundm*

Pfarrkirche St. Josef Holzkirchen — 42
Eberhard Wimmer Architekten

Musikverein Zwettl — 46
Franz&Sue

Gaga Club — 50
Querkopf Architekten

Studio 211 — 54
marc benjamin drewes ARCHITEKTUREN

Schauspielhaus Stuttgart — 58
Klaus Roth Architekten

Stadttheater Langenthal — 62
Aebi & Vincent Architekten

Christuskirche Hannover — 66
ahrens & grabenhorst architekten stadtplaner

Noho — 70
Querkopf Architekten

Probebühne Burgtheater — 74
tonarchitektur, Willensdorfer

Sakralbau München — 78
Haack + Höpfner . Architekten

LAC Lugano Arte e Cultura — 82
Ivano Gianola, Mendrisio

Battheater der HSF Ernst Busch — 86
O&O Baukunst

Heart House — 90
Thomas Baecker, Bettina Kraus Architekten

Tonhalle Interimsspielstätte Maag — 94
spillmann echsle architekten

Nachtclub auf dem Meer — 98
3deluxe

Das K — 102
vielmo architekten

Resonanzraum im Hochbunker auf St. Pauli — 106
PFP Planungs GmbH Prof. Jörg Friedrich Hamburg

Konzerthalle Reutlingen — 110
Max Dudler

Mojo Club Thomas Baecker, Bettina Kraus Architekten	114
Haus der Musik Innsbruck Dietrich | Untertrifaller Architekten	118
Staatstheater am Gärtnerplatz Atelier Achatz Architekten	122
Brooklyn Club Querkopf Architekten	126
Lukaskirche Heidelberg AAg LoebnerSchäferWeber	130
Art Community Center Objekt 19 Freimüller Söllinger Architektur mit Planet Architects	134
Theater an der Elbe AMA Group Associated Architects	136
Ohm boparchitects undplus	142
Théâtre Equilibre DÜRIG	146
Künstlerhaus Boswil Gian Salis Architektur	150
Tanzwerk 101 spillmann echsle architekten	154
RheinMain Congress Center Ferdinand Heide Architekt	158
Neues Theater Dornach Jeker Architekten	162
Konzerthaus Blaibach Peter Haimerl	166
Friedenskirche Heidelberg AAg LoebnerSchäferWeber	170
Admiral Music Lounge Idea International	174
Christuskirche Köln Arbeitsgemeinschaft Hollenbeck Architektur | Maier Architekten	178
Neuapostolische Kirche Wien Veit Aschenbrenner Architekten	182
Volksoper Wien tonarchitektur, Willensdorfer	186
Bauer Studios mbakustik	190
Arlberg 1800 Kitzmüller Architektur	194
Kraftwerk Mitte PFP Planungs GmbH Prof. Jörg Friedrich Hamburg	198
The Pearl Idea International	202
Andermatt Concert Hall Studio Seilern Architects	206
ANHANG	210
Index	212
Fotonachweis	215
Impressum	216

KLANGRÄUME

ist kein eindeutiger Gattungsbegriff sondern soll in dem vorliegenden Buch eine gattungsübergreifende Gruppe von Bauten umfassen, in denen die Schallereignisse unter hohen akustischen Anforderungen im Zentrum der Nutzung stehen. Ihr Ziel ist der gute Laut und schöne Ton, die Euphonie. Diese Räume haben also zwei grundverschiedene Nutzer: materielle, also Menschen oder Gegenstände, sowie – vielleicht sogar in erster Linie – immaterielle, also die Klänge und Töne, die ebenfalls von den ganz realen Wänden und Decken beeinflusst werden. Mit dieser Abhängigkeit beschäftigt sich die Lehre der Akustik auch außerhalb des Bereiches der Euphonie. In diesem Buch geht es aber ausschließlich um die Wohlklänge, nicht um Schalldecken in Großraumbüros.

AUFTAKT

Theater, Philharmonien, Konzertsäle und Opernhäuser gehören zu den prestigeträchtigsten Bauaufgaben, Clubs und Tonstudios zu den spannendsten.

Theater und Konzertsäle zählen zu den wenigen Bauaufgaben, die ihre antiken Wurzel weitgehend unverändert beibehalten haben. Während der Sakralbau vom antiken Tempel über die mittelalterlichen Basilika bis hin zur modernen Kirche zahlreiche einschneidende Veränderungen erfahren haben, blieben die Bauten der darstellenden Künste ihrem griechischen Ursprung verhaftet. Zwei grundsätzliche Unterschiede sind jedoch offensichtlich: Das griechische Theater war in die Landschaft eingebettet, indem es natürliche Hänge für die Sitzplätze nutzte und war nicht überdacht. Das Theater von Epidauros (Anfang 3. Jh. v. Chr.) mit seinen beeindruckenden Sitzreihen in mehr als halbrunder Anordnung zeigt mit der *orchestra* – der runden Bühne, die einen Altar im Zentrum hatte – und den erhaltenen Fundamenten der *skene* – das der Requisite dienende Bühnengebäude – die wesentlichen Elemente des noch heute gültigen Theaterbautyps. Die meist karge, hölzerne *skene* konnte mit dem *hyposkenion* als architektonischem Vorbau geschmückt sein oder ein gemaltes Bühnenbild, je nach Stück, mit Illusionsarchitektur zeigen. Zwischen *skene* und Sitzstufen befindet sich der Zugang. Im Gegensatz zum griechischen *théatron* war das griechische *odeon,* das Konzerthaus, meist deutlich kleiner aber überdacht. Im antiken

PRELUDE
INTRO

In Epidauros befindet sich das wohl bekannteste Theater des antiken Griechenlands.

La Danse ist eine Skulptur von Jean-Baptiste Carpeaux aus dem Jahr 1868 und stellt die Freude an der Musik dar.

Rom wurden Theater dann geländeunabhängig als Hochbau errichtet. Zwischen der nun immer architektonisch gestalteten *Scaenae frons* und den Sitzreihen vermittelten die *Paraskenien* seitlich des *Prosceniums*, das nun als Bühne diente, vor der die *Orchestra* lag. Die Raumabfolge hat sich also erhalten, die Nutzung jedoch geändert und der Hochbau des Zuschauerhauses sowie der seitliche Abschluss des Bühnenbereichs machte aus den weitgehend unabhängigen Bauteilen ein Gebäude.

Im Mittelalter wurden zwar keine neuen Theaterbauten errichtet, aber man nutzte vorhandene Kirchenvierungen, Treppenanlagen an Kirchenfassaden oder mobile, provisorische Bühnen für Aufführungen aller Art. Die Renaissance

8

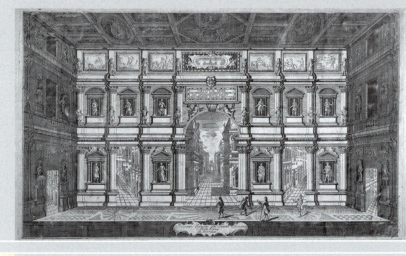

Das Bühnenprospekt des 1585 vollendeten Teatro Olimpico in Vicenza in einem Stich von ca. 1750.

Grundrisse aus *Sur l'architecture theatrale* 1782 von Pierre Patte, 1782.

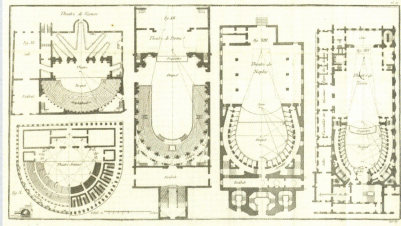

Die nach dem Architekten benannte Semperoper in Dresden, 1871, mit einer modernen, gerundeten Fassade.

Das Richard-Wagner-Festspielhaus wurde von Otto Brückenwald nach den Vorstellungen Wagners erbaut und im Jahr 1875 eröffnet.

hingegen knüpfte direkt an das antike Vorbild an. Die wichtigste Neuerung dabei war sicherlich die konsequente Überdachung des gesamten Baukörpers (1491 in Ferrara). Es wurde auf einer untiefen Bühne gespielt und der Zuschauerraum bekam nun eine architektonische Ausschmückung. Eines der eindrucksvollsten Beispiele ist das Teatro Olimpico in Vicenza, 1580 von Palladio begonnen und 1583 von Scamozzi in den wesentlichen Teilen des Inneren manieristisch vollendet. Hier ziehen sich aus der Scheinarchitektur der antiken *Scaenae frons* perspektivisch verkürzte Gassen in die Bautiefe, sodass der Eindruck einer Stadt als fest installiertes Bühnenbild entsteht. Bei Jacob van Campens nicht erhaltenem Amsterdamer Theater wurde diese räumliche Illusion zur beinahe freistehenden Kleinarchitektur. Diese Phantasiearchitektur der Bühnen war zunächst zentralperspektivisch angelegt, später folgten diagonal stehende Bühnenbauten.

In Nachfolge der Arkadenhöfe von Schlössern – in denen ja auch Aufführungen stattfanden, wobei das Publikum von oben auf die Szenerie sah – entstanden Emporen, so beispielsweise in Shakespeares Globe Theatre, das 1599 am Südufer der Themse in London errichtet wurde. Dieses war im Gegensatz zu den sonst üblichen Theaterbauten rund (oder achteckig), dreigeschossig und der Innenraum war nicht, die Bühne aber wohl überdacht. Wie van Campens Bau – der ebenso Emporen besaß – war es ein bürgerliches Theater, während in der Folgezeit fürstliche Bauten dominierten. Komfortable Emporen und Logen sollten im Barocktheater Standard werden, während das Parkett öffentlicher Bauten unbestuhlt blieb. Im Hoftheater, oft Teil von Schlossanlagen, war hingegen oft das bestuhlte Parkett der vornehmste Platz. Mit dem *Proszenium*, das die Bühne als Rahmen wie ein Bild einfasst und abtrennt, Proszeniumslogen, Hauptvorhang, einem vertieften Orchestergraben und echten Kulissen sowie einem entsprechend hohem Bühnenhaus entstand hier endgültig die Guckkastenbühne, die noch heute überall verbreitet ist. Währendessen entwickelte sich in aufwendigen Inszenierungen auch die Bühnentechnik rasant, beispielsweise bewegliche Prospekte und drehbare Bühnen. Rokoko und Klassizismus wandelten den Theaterbau im jeweils neuen Geschmack ab, und mit dem Théâtre Feydeau in Paris von Jacques Legrand und Jacques Molinos entstand die gerundete Fassade, die die Form des Auditoriums widerspiegelte.

Der erhöhte Bühnenturm wurde von den Fellner & Helmer, Spezialisten für Theaterbau, verbreitet. Ihr Büro errichtete rund 50 Theater vor allem in Osteuropa. Ebenso spezialisiert war, mit stilistisch größerer Bandbreite, Frank Matcham in Großbritannien. Richard Wagner ließ bei seinem Festspielhaus in Bayreuth der Orchestergraben ganz aus dem Blick des Zuschauers verschwinden und teilweise von der Bühne überfangen. Der wachsenden Bedeutung der Bauten der Musik und der Darstellenden Künste für das bürgerliche Bedürfnis nach Selbstdarstellung entsprach 1875 die Pariser Oper. Im klassischen

Die Opéra Garnier wurde bis 1875 von Charles Garnier am rechten Seineufer in Paris erbaut.

Die Gouache von Édouard Detaille zeigt das Prunktreppenhaus der Opéra Garnier bei der Eröffnung.

Die Farblithographie von Henri de Toulouse-Lautrec zeigt 1895 La Troupe de Mademoiselle Eglantie bei Cancan.

Das Foto eines Kostümballs in der Webster Hall, New York, spiegelt die Freude an Musik und Kultur wieder.

Webster Hall wurde 1886 von Charles Rentz erbaut, 1892 wurde das Gebäude ausgebaut und erweitert.

Die 1955–1956 von Adolf Abel und Rolf Gutbrod erbaute Stuttgarter Liederhalle gehört zu den wichtigsten Kulturbauten der deutschen Nachkriegszeit.

Rangtheater spielten die Zuschauer eine mindestens ebenso große Rolle wie die Aufführung: Sehen und gesehen werden war Ziel des Theater- oder Konzertbesuchs. Der Pariser Schlüsselbau des Neobarock von Charles Garnier mit prachtvollem Treppenhaus und Foyer diente dem gesellschaftlichen Umgang und bildet den *Point de vue* zweier Achsen des Stadtumbaus durch Baron Haussmann.

Die fortschreitende Bautechnik ermöglichte die weitere Entwicklung, so wurden weit auskragende Ränge durch Beton möglich (Theater in Morges von François Hennebique, 1899). Erst im 20. Jahrhundert verdunkelte sich der Zuschauerraum während die Bühne erleuchtet blieb. Im modernen Theaterbau wurde oftmals versucht, die Bühne wieder stärker in den Zuschauerraum einzubeziehen, wie dies beim griechischen Urbild der Fall war, so beim Totaltheater von Walter Gropius (1926) und den organischen Entwürfen Friedrich Kieslers. Einen wirklich asymmetrischen Konzertsaal schufen dann Rolf Gutbrod und Adolf Abel mit der Stuttgarter Liederhalle in der zweiten Hälfte des 20. Jahrhunderts. Die Gebäude wuchsen ständig weiter. So fasst die Metropolitan Opera im New Yorker Lincoln Center (Wallace K. Harrison, 1966) 3.900 Zuschauer. Die Bauten wurden zunehmend individueller und zum Aushängeschild der jeweiligen Orte als Kulturstadt, überdeutlich beim Sydney Opera House (Jørn Utzon, 1973).

Das Aalto-Theater wurde von Alvar Aalto 1959 entworfen und im Essener Stadtgarten mit Unterbrechungen und Adaption durch Harald Deilmann 1988 fertiggestellt.

Die Hamburger Elbphilharmonie von Herzog & de Meuron entstand 2007–2016 auf einem Speichergebäude am Hafen als neues Wahrzeichen der Stadt.

Neben den Spielstätten für die klassisch-bürgerliche Hochkultur hatte es schon immer Orte gegeben, an denen populärere Varianten aufgeführt wurden. Viele Theaterbauten dienten ohne Bestuhlung auch als Tanzsaal. Feste Ballsäle gab es aber zunächst nur für die Aristokratie. Varietétheater entwickelten sich aus Tanzsälen und Restaurants insbesondere im Paris der 1860er Jahre. Auch in New York entstanden zu jener Zeit erste *Night Clubs*, wie die Webster Hall, die Traditionen von *Super Clubs* (Cotton Club) aufgriffen. Im frühen 20. Jahrhundert kamen diese Entwicklungen nach Europa und wurde in Frankreich während der Deutschen Besatzung im Zweiten Weltkrieg in *Discothèques* im Untergrund fortgeführt. Jazzclubs waren zunächst reine Privattreffpunkte und institutionalisierten sich erst in den 1930er Jahren, in Deutschland nach französischem Vorbild in den 1950ern. Ende der 1950er Jahre entstanden im New Yorker Stadtteil SoHo die ersten Diskotheken, bei denen allein die Musik und der Tanz das Ziel der Veranstaltung war; Speisen und Getränke waren zweitrangig. In den 1970er Jahren waren auch in Deutschland die ersten Diskotheken eröffnet worden. Mit der Discomusik schossen sie dann überall aus dem Boden – oft mit katastrophaler Akustik. Inzwischen haben sich aber auch diese populären Klangräume professionalisiert und stehen hier ganz selbstverständlich neben den klassischen Bauten der Euphonie.

Chris van Uffelen

INTERVALL

TONUMFANG

KLANGTRÄUME

AKUSTIK

AKKORD

RHYTHMUS

PROJEKTE

BEAT

DREIKLANG

SCHALL

HALBTON

Architektur	Busmann + Haberer
Adresse	Landfermannstraße 6 47051 Duisburg, Deutschland
Fertigstellung	2007
Betreibergesellschaft	Duisburg Kontor Hallenmanagement
BGF / Sitzplätze	11.000 m² / 1.750
Baugattung	Philharmonie und Kongresszentrum

MERCATOR HALLE IM CITY PALAIS

2

DUISBURG,
DEUTSCHLAND

3

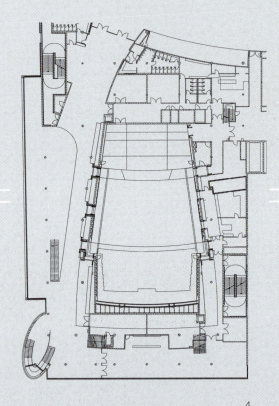

4

5

6

Als Spielstätte der Duisburger Philharmoniker kombiniert die Mercatorhalle im CityPalais Qualität, Klasse und Funktionalität mit den höchsten Ansprüchen an eine ausgefeilte Klangakustik. Die Deckenkonstruktion ist mit Schallsegelelementen ausgestattet, die individuell an unterschiedliche Ensembles und Anforderungen angepasst werden können.

Gleichzeitig ermöglichen variable Akustikelemente an den Seitenwänden eine Veränderung der Nachhallzeiten. So wird bei unterschiedlichen Darbietungen gleichbleibende Klangqualität garantiert und eine flexible Nutzung des Komplexes ermöglicht. Der Klang ist durchsichtig und voluminös. Durch ein spezielles Audiosystem mit Induktionsschleifen können auch Zuschauer mit eingeschränktem Hörvermögen an den Konzerten teilnehmen.

1 Der Konzertsaal bietet Platz für bis zu 2.000 Zuschauer.
2 Die Mercatorhalle fungiert unter anderem als Spielstätte der Duisburger Philharmoniker.
3 Schallsegelelemente wurden in die Deckengestaltung eingebracht.
4 Der Grundriss von Philharmonie und Foyer.
5 Großzügige Glasfronten schaffen eine visuelle Verbindung zum zentral gelegenen König-Heinrich-Platz.
6 Ein ausgefeiltes Akustiksystem ermöglicht eine flexible Nutzung des Saals.
7 Variable Akustikelemente an den Seiten ermöglichen eine Veränderung der Nachhallzeit.

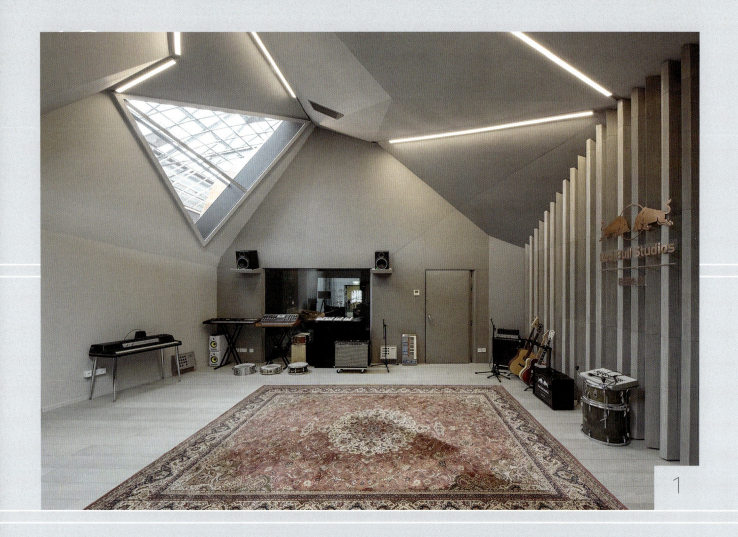

1

Architektur	Nau2 Optimist
Adresse	Ohlauer Straße 43 10999 Berlin, Deutschland
Fertigstellung	2015
BGF / Plätze	10 m² / 10
Baugattung	Tonstudio

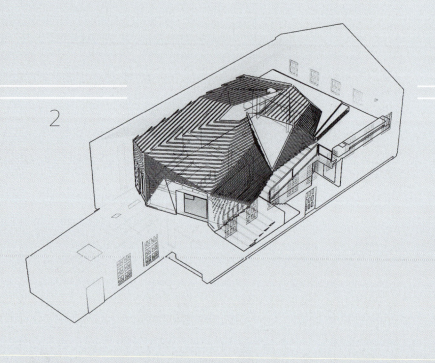

2

RED BULL STUDIOS

BERLIN, DEUTSCHLAND

4

5

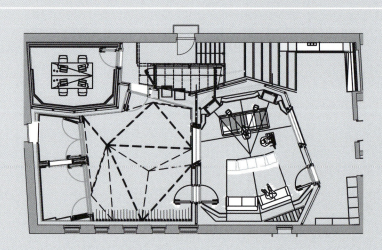

7

Das Studio in einem ehemaligen Kraftwerk bietet Tonaufnahme- und Mischeinrichtungen für angehende und etablierte Musiker. Das unkonventionelle kupferne Volumen steht im Kontrast zum überlieferten Industriegebäude der 1920er Jahre. Der facettierte und asymmetrische Einbau beherbergt einen Hauptaufnahmeraum mit zwei Mischstudios und eine Lounge mit Teeküche beherbergt. Es wurde von Nau2 zusammen mit Optimist Design als Ort des Austauschs und der Kreation für Musikbegeisterte entworfen.

Die Gebäudeform reflektiert die musikalischen Aktivitäten, wobei die Akustik für die Formfindung ausschlaggebend war. Aber auch die visuelle Qualität der Architektur sollte sich als Kulisse für zeitgenössische Musikpromotion in Bild und Film anbieten. Grosszügige triangulierte Oberlichter bringen Tageslicht in den Hauptaufnahmeraum und schaffen eine helle und warme Atmosphäre. Als Referenz zum alten Elektrizitäts-Kraftwerk ist die Außenhülle aus dünnen Kupferbändern und vermittelt einen Ausdruck von Kraft und Energie.

6

1   Aufnahmestudio mit Tageslichteinfall und wohnlicher Athmosphäre.
2   Axiometrie des Gebäudes.
3   Rezeption mit CI des weltweit aggierenden Netzwerk von Tonstudios.
4   Haupteingang in das Tonstudio.
5   Belichtung des Aufnahmestudios durch Dachfenster des Bestandes und des Einbaus.
6   Die Kupferbänder an der großzügigen Haupttreppe.
7   Grundriss der Red Bull Studios.

1

Architektur	Bez + Kock Architekten
	Architekturbüro Bernhard Mensen
Adresse	Marienplatz 1
	44787 Bochum, Deutschland
Fertigstellung	2016
Bauherr	Stadt Bochum
BGF / Sitzplätze	7.847 m² / 950
Akustik	Müller-BBM
	Kahle Acoustics
Baugattung	Konzerthaus und Veranstaltungsforum

ANNE-LIESE BROST MUSIK-FORUM RUHR

BOCHUM, DEUTSCHLAND

2

3

5

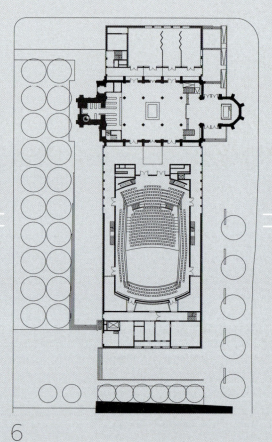

6

Der Neubau des Musikforums Ruhr in Bochum stellt einen wichtigen öffentlichen Baustein für die Entwicklung des innerstädtischen Kreativquartiers Viktoriastraße in Bochum dar. Das Musikforum versteht sich nicht als elitäres Konzerthaus, sondern biete als harmonische Symbiose aus Alt und Neu den Symphonikern, der Musikschule Bochum und den Akteuren der freien Szene eine lebendige Plattform für den Proben- und Konzertbetrieb und spricht die Bochumer Bürger an.

Die vom Architekturbüro Bernhard Mensen sanierte Marienkirche ist das zentrale Foyer des Hauses sowie städtebaulicher und funktionaler Mittelpunkt des Musikzentrums. Beidseitig der Kirche wurden neue Baukörper angeordnet; auf der Südseite der Konzertsaal der Bochumer Symphoniker, auf der Nordseite ein flexibel bespielbarer Multifunktionssaal. Im Konzertsaal wurde durch die akustische Ankopplung des Deckenhohlraums oberhalb einer architektonisch gestalteten schalltransparenten Deckenstruktur ein optimales Raumvolumen realisiert. Reflexionen im Publikumsbereich und auf dem Podium verbessern das akustische Erlebnis für Musiker und Zuschauer zusätzlich.

1 Der neu gestaltete Konzertsaal schafft eine spürbare Nähe zwischen Orchester und Publikum.
2 Die profanierte Marienkirche, deren beeindruckender Innenraum als großes Foyer fungiert.
3 Blick aus der Viktoriastraße mit der in das Ensemble integrierten Marienkirche, die sich zwischen den neuen Baukörpern des Musikforums befindet.
4 Der in kleinere Einheiten gegliederte Konzertsaal umgibt die Bühne allseitig und erzeugt mehrere „erste Reihen".
5 Das ehemalige Kirchenportal vermittelt zwischen Foyer und Konzertsaal.
6 Erdgeschossgrundriss des Musikforums.

TANZ-STUDIO 60/30

KÖLN, DEUTSCHLAND

Architektur — Till Robin Kurz Architekt

Adresse — Neusser Straße 410, Köln, Deutschland

Fertigstellung — 2016

BGF — 200 m²

Baugattung — Tanzschule

3

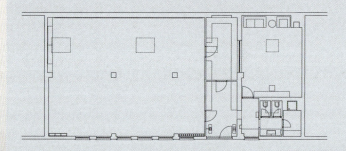

6

Die Ausgangssituation dieses Projekts sah den ganzheitlichen Umbau einer ehemaligen Gewerbehalle in ein Tanzstudio vor. Die vorhandene eingeschossige 200 Quadratmeter große Gewerbehalle wurde bis auf eine tragende Wand entkernt. Das Raumprogramm des neuen Tanzstudios beinhaltet folgende Räume: Eingangshalle, Tanzsaal, Umkleideräume, WC-Anlage mit großem Waschtisch und Dusche, kleine Teeküche sowie einen kleinen Tanzraum mit Büroeinheit.

Die Eingangshalle dient als temporärer Aufenthaltsbereich für wartende Eltern. Im direkten Eingangsbereich befindet sich zur linken Hand ein Informationsblock aus Weißbeton mit eingelassenem Touchpanel. Hier können Informationen zu Unterrichtsinhalten abgerufen werden. Im Kontrast zu den farbig gestalteten Nebenräumen haben die raumbildenden Elemente im Tanzsaal weiße Oberflächen. Das reduzierte Farbkonzept setzt dabei den Akzent auf die Tanzenden selbst. Sämtliche Accessoires und Möbel sind Sonderanfertigungen und wurden als durchgängige Gestaltungslinie für das neue Tanzstudio entworfen.

1   Das Farbkonzept des Haupttanzsaales wurde bewusst zurückhaltend gestaltet, um die Tanzenden in den Fokus zu rücken.
2   Die Nebenräume sind spielerisch-elegant gestaltet.
3   Sämtliche Möbel und Designelemente wurden speziell für dieses Konzept kreiert.
4   Die Eingangshalle dient als Aufenthaltsraum für wartende Eltern.
5   Die Umkleiden werden von floralen Mustern und minimalistisch gehaltenen Oberflächen bestimmt.
6   Grundriss des Studios.

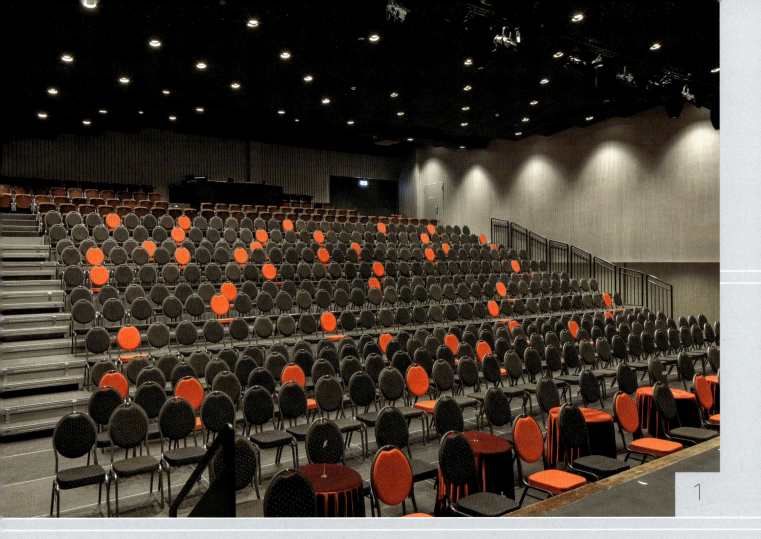

1

Architektur
: MMJS Jauch-Stolz Architekten

Adresse
: Rüeggisingerstrasse 20a
6020 Emmenbrücke, Schweiz

Fertigstellung
: 2018

BGF / Sitzplätze
: 4.050 m² / 546

Baugattung
: Theater und Kongresssaal

LE THÉÂTRE GERSAG

EMMENBRÜCKE, SCHWEIZ

Das bestehende Gemeindezentrum bekam einen neuen Auftritt. Eine vorgespannte Membranfassade erinnert an das Erscheinungsbild eines Zirkuszelts und verweist damit auf die vergängliche Leichtigkeit und die muntere Frische des Showbusiness. Farbe und Struktur des Bestandes blieben im Hintergrund erhalten.

Das innere Erscheinungsbild wurde vollständig erneuert. Die Fotofriese in den Foyers, der magentafarbene Gussbodenbelag und die textil anmutenden, hinterleuchteten Barelemente bereiten die Zuschauer auf die heitere Welt der Musicals vor. Mit dem Einbau einer mobilen Podesterie entstand ein kontinuierlich ansteigender, zusammenhängender Zuschauerbereich. Durch den Abbau dieser Podesterie kann der Saal als Bankettsaal bewirtschaftet werden. Die Tonregie ist in den Theaterraum integriert.

1 Die mobile Podesterie ermöglicht eine flexible Nutzung des Saals.
2 Das neugestaltete Ensemble bietet ausreichend Platz für Kongresse oder Bankette.
3 Die vorgespannte Membranfassade sorgt für Transparenz und vermittelt Leichtigkeit.
5 Der Grundriss des Obergeschosses.
4 Fotofriese im Foyer bereiten den Zuschauer auf das kommende Programm vor.

1

Architektur	Fischer Architekten		
Bauherrschaft	Amt für Hochbauten		
Adresse	Florhofgasse 6 8001 Zürich, Schweiz	**BGF / Sitzplätze**	ca. 4.200 m² / ca. 500
Fertigstellung	2016	**Baugattung**	Musikschule und Konservatorium

KONSER-VATORIUM ZÜRICH

ZÜRICH, SCHWEIZ

2

Nach einer ersten umfassenden Renovierung und einem Ausbau 1987 bedurfte die Musikschule Konservatorium Zürich aufgrund eines Nutzerwechsels einer weiteren Renovierung. Die Hauptaufgabe bestand in der sanften Sanierung aller Räume, die unter Denkmalschutz stehen. Alle Arbeitsgänge standen dabei unter der Prämisse und wertvollen Zusammenarbeit mit der Denkmalpflege.

Das um 1900 errichtete Gebäude – im Volksmund *Konsi* genannt – befindet sich in bester Lage: oberhalb der Zürcher Kernstadt, des Niederdorfes. Es wurde einst im Stil des Historismus erbaut und erinnert an französische Schlossbauwerke. Das mittlerweile über 100 Jahre alte Haus ist ein lebendiges, wichtiges Zeugnis der privaten Bildungspolitik und des zukunftsorientierten Städtebaus des letzten Jahrhunderts.

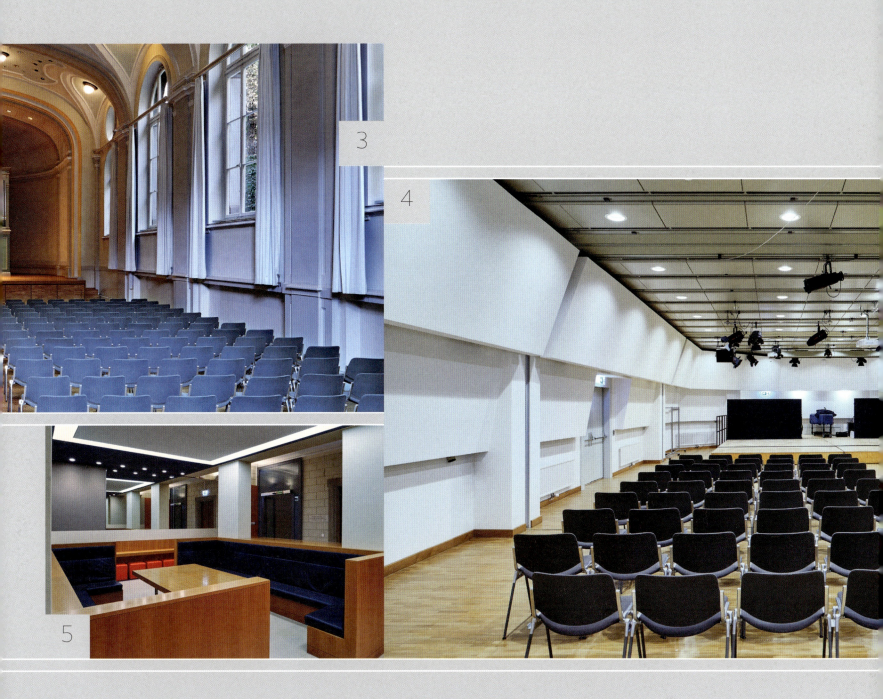

1   Der Charme des im Geiste des Historismus erbauten Gebäudes wurde erhalten.
2   Die Fassadengestaltung weist auf die hundertjährige Geschichte hin.
3   Der Hauptfokus lag auf der Sanierung aller Oberflächen.
4   Verschiedene Säle und Proberäume bieten genügend Platz, die Fortschritte der Schüler in einem angenehmen Rahmen zu beobachten.
5   Zeitgenössische Einbauten schaffen zusammen mit dem vorhandenen Kontext ein inspirierendes Umfeld für die kreative Auseinandersetzung.

Architektur	nbundm*
Adresse	Elisabethstraße 9 85051 Ingolstadt, Deutschland
Fertigstellung	2014
BGF	1.450 m²
Baugattung	Kulturzentrum

KULTUR-
ZENTRUM
NEUN

INGOLSTADT,
DEUTSCHLAND

2

3

5

Eine leerestehende Güterhalle von 85 Metern Länge wurde zu einem großen Kulturzentrum mit Konzertsaal, Proberäumen, Bars, Büro, Skatepark, Boulderbereich und Trendsporthalle ausgebaut. Während die Gebäudehülle lediglich repariert und gestrichen wurde, lag der Fokus auf der Unterteilung und Auskleidung des Innenraums. Sichtmauerwände aus Kalksandstein und unbehandelte Betondecken zonieren das umfangreiche Raumprogramm. Konzertsaal und Skatehalle besetzen die Enden des langgezogenen Riegels, ein zweistöckiger Versorgungskern in der Gebäudemitte beherbergt alle vorgegebenen Nutz- und Nebenräume, die neben dem Backstagebereich die gleichzeitige Bespielung beider Hallen ermöglichen.

Sämtliche Oberflächen bleiben in allen Räumen unverputzt und werden allein durch die wenigen vorgefundenen und neu verwendeten Baustoffe strukturiert. Gleiches gilt für die Gebäudetechnik, die offen an Decken und Wänden geführt wird. Ziel war es, den späteren Benutzern eine ebenso robuste wie unfertige Architektur zu übergeben, die einer Ausgestaltung und Formung in Eigeninitiative nicht im Wege stehen sollte. Allzu modische Farben und Formen wurden gemieden, um einen subkulturellen Möglichkeitsraum zu schaffen.

4

1 Der Innenraum wird durch die sichtbare Gebäudetechnik und rohe Optik bestimmt.
2 Die ehemalige Lagerhalle bot ausreichend Platz für das vielfältige neue Nutzungskonzept.
3 Der Komplex dient als kultureller und sozialer Treffpunkt.
4 Sichtmauerwände aus Kalksandstein und Betondecken bestimmen das Erscheinungsbild.
5 Durch eine geschickte Anordnung der Raumeinheiten wird die gleichzeitige Nutzung beider Hallen ermöglicht.
6 Grundriss des Erdgeschosses.

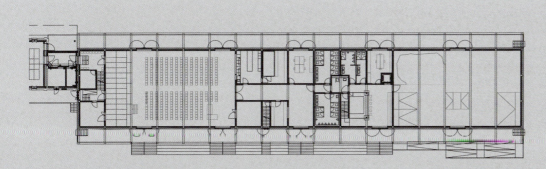

6

PFARR-KIRCHE

HOLZKIRCHEN, DEUTSCHLAND

Architektur	Eberhard Wimmer Architekten BDA
Adresse	Pfarrweg 4 83607 Holzkirchen, Deutschland
Fertigstellung	2018
BGF / Sitzplätze	1.300 m² / 450
Akustikspezialist	Müller-BBM
Baugattung	Sakralbau

2

ST. JOSEF

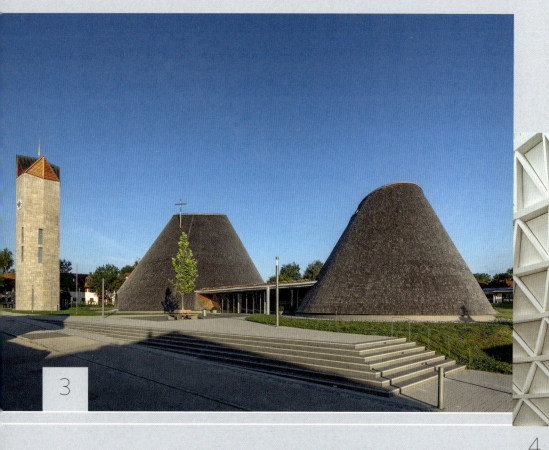

1 Luftansicht der gesammten Anlage.
2 Innenansicht des Kegels der Pfarrkirche.
3 Außenansicht der Kegel mit dem Eingangsbereich als Bindeglied.
4 Kirchenraum von innen.

Die Kirche überzeugt mit der Form eines geneigten Kegels mit Oberlicht und mit der sichtbaren Holzkonstruktion, bestehend aus dreieckigen Grundelementen. Zwei Kegel bilden zum einen den Kirchenraum mit 22 Metern Höhe und zum anderen eine Kapelle mit einer Deckenhöhe von etwa elf Metern. Die Lichtöffnungen in der Decke durchfluten die Räumlichkeiten mit natürlichem Tageslicht. In den stark gewölbten Räumen beträgt die Nachhallzeit zwei Sekunden, so sind gleichermaßen eine gute Sprachverständlichkeit, Orgelmusik und Gesang möglich.

Einzelne Dreieckspaneele schlucken den Schall an notwendigen Stellen. Die schallreflektierenden Paneele weisen jeweils eine geringe Neigung auf, die das Raumbild jedoch nicht verändert. Das sichtbare, den Raumeindruck prägende Stabwerk aus Konstruktionshölzern liefert die für einen Klangraum so wichtige Klangdurchmischung. Die Werktagskapelle ist mit konkav gekrümmten Wandschalen ausgestattet, die zu einem optimalen Klang führen. Ein Teil der Fläche wurde auch hier schallschluckend ausgebildet.

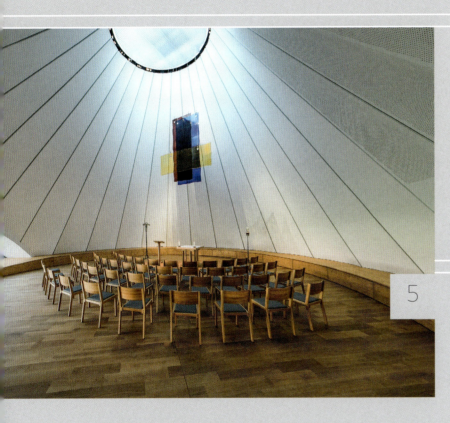

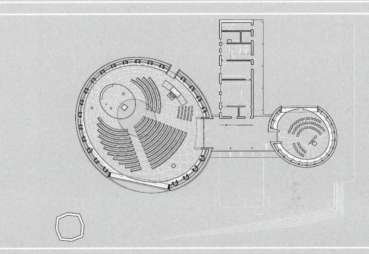

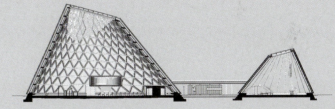

5   Die kleinere Werktagskapelle.

6   Grundrissplan und Gebäudeschnitt
    von Eberhard Wimmer Architekten BDA.

Architektur	Franz&Sue
Adresse	Gartenstraße 3 3910 Zwettl, Österreich
Fertigstellung	2013
BGF / Sitzplätze	370 m² / 80
Baugattung	Musikverein

MUSIK-VEREIN

ZWETTL,
ÖSTERREICH

ZWETTL

Die Zwettler sind auf ihre über die Grenzen des Waldviertels erfolgreiche Blasmusikkapelle, die vor fast 130 Jahren gegründet wurde, außerordentlich stolz. Doch die schön klingenden Trompeten, Waldhörner, Posaunen, Tenorhörner, Bässe, Tuben und Querflöten brauchen Platz. Dieser wurde im Zwettler Stadtamt mit der Zeit zu klein. Die Gemeinde wollte das Haus mit dem Dachboden für ihre Musiker ausbauen und renovieren. Die Architekten stellten einen acht Meter hohen, hermetisch geschlossenen Stahlbetonkubus auf den Platz davor. Keine Perforierungen, keine Auskragungen. Über eine Rampe und eine verdeckte Türe gelangen die Künstler ins Innere. Ein goldener Würfel für die Musik.

Durch das Fensterband des unteren Geschosses, das in die Erde versenkt wurde, schwebt der Klangkörper über dem Platz. Ein starker Kontrast – anfänglich nicht ganz unumstritten – zu der historischen Bausubstanz im Umfeld, der sich letztlich selbstverständlich und gut einfügt, das historisch gewachsene Ensemble spannend neu gliedert und die Eingangssituation zum Amt aufwertet. Das Innere hinter der vorgehängten und durchlüfteten Fassade gibt sich so einfach strukturiert wie sein Äußeres. Oben der Übungsraum, darunter die Sozialräume durch eine Treppe erreichbar. Um die akustischen Anforderungen optimal zu erfüllen, musste der Proberaum eine bestimmte Raumhöhe und eine Mindestfläche pro Musiker aufweisen, was die Größe des Kubus mit 156 Quadratmetern letztlich bestimmte.

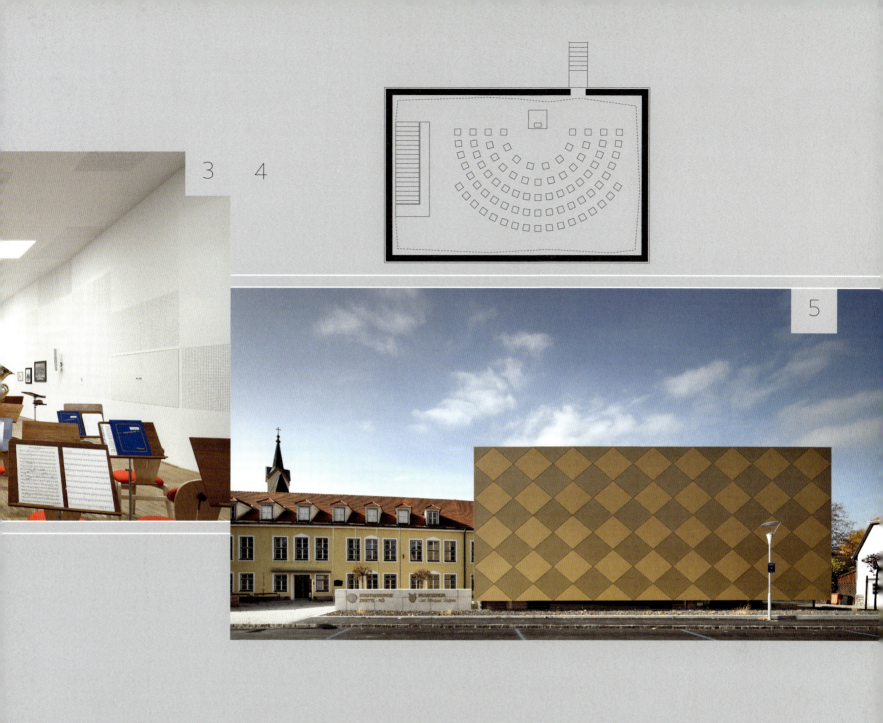

1 Insbesondere abends zeigt das Goldstück ein neues Gesicht.
2 Das Gebäude schwebt scheinbar über dem Boden.
3 Der Probe- und Veranstaltungsraum für den Musikverein.
4 Regelgeschoss im Grundriss.
5 Das Gebäude des Musikvereins Zwettl am historischen Stadtplatz.

1

Architektur	Querkopf Architekten
Adresse	Spielbudenplatz 21/22 20359 Hamburg, Deutschland
Fertigstellung	2016
BGF / Sitz- / Stehplätze	520 m² / 82 / 300
Baugattung	Diskothek und Club

GAGA CLUB

2

HAMBURG, DEUTSCHLAND

3

4

6

Das „Dinner & Dance"-Konzept des neuen Clubs Gaga stellte Querkopf Architekten vor die Herausforderung, ein ganzheitliches Konzept zu entwickeln, das den Ansprüchen eines Restaurants und eines Nachtclubs zu gleichen Teilen gerecht wird. Ein Abend im Club Gaga beginnt mit einem Dinner und mit Livemusik, später wird getanzt. Die Hamburger Architekten schufen ein Ensemble, das sich im Verlauf des Abends diesen verschiedenen Nutzungen anpassen kann.

Die Holztische in den Sitznischen sind höhenverstellbar und verwandeln sich nach dem Dinner von Esstischen zu tieferen Loungetischen. Die Beleuchtung spielt bei der Verwandlung vom Restaurant zum Nachtclub ebenfalls eine wichtige Rolle: Die warme, gemütliche Beleuchtung während des Dinners weicht einer bunten Lichtshow. Über der zentralen Bar aus Eiche und Messing schwebt eine geometrische Metallskulptur, die zu dem Raster aus Bewehrungsstahl passt, das Decke und Wände des Clubs überspannt.

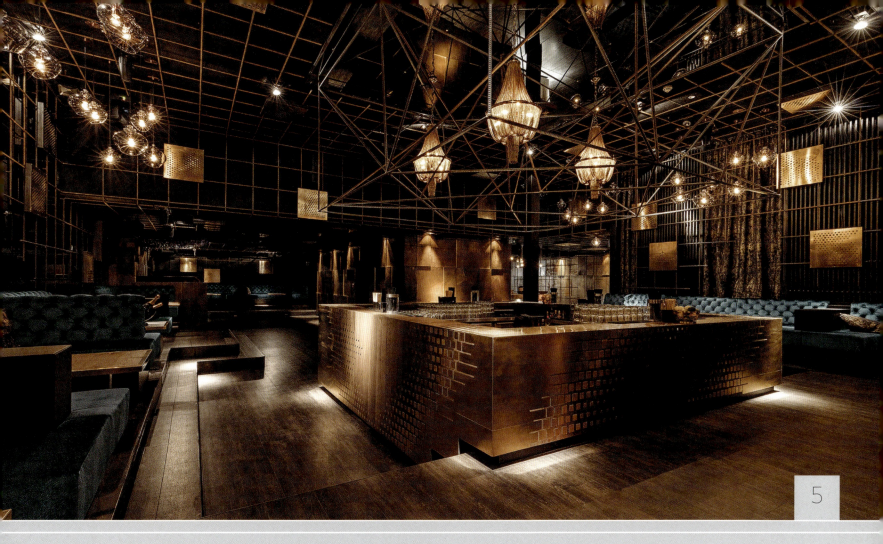

1 Die Lichtstimmung unterstützt die Verwandlung vom eleganten Restaurant zum pulsierenden Nachtclub.
2 Die Centerbar bildet den visuellen Fokus des Innenraums.
3 Messing und Eiche bestimmen das Interieur.
4 Loungebereiche laden zum Verweilen ein.
5 Die geometrische Metallstruktur greift den Bewegungsstrahl an Decken und Wänden auf.
6 Der Empfangsbereich besticht durch elegante Formensprache und warme Materialien.
7 Grundriss des Gaga Clubs im fünften Obergeschoss.

1

Architektur			
	marc benjamin drewes ARCHITEKTUREN	Partnerarchitekt	Jeong-Hoon Kim
Adresse		BFG	
	Kreuzberg Berlin, Deutschland		115 m²
Fertigstellung		Baugattung	
	2013		Tonstudio

STUDIO 211

BERLIN, DEUTSCHLAND

55

Alle Einzelteile der Komposition ist miteinander verbunden, etablierten sich aber durch Rücksprünge und unterschiedliche Deckenhöhen als eigenständige Körper. Im Inneren der Studios garantieren die schräg gestellten Wände und die geneigte Decke eine optimale Raumakustik. Mit einer klaren Formsprache und der Verbindung von funktionalen und gestalterischen Aspekten wird somit den technischen Anforderungen als auch dem Wunsch nach einer individuellen Ästhetik Rechnung getragen.

In einer ehemaligen Fabrikanlage entstand auf circa 100 Quadratmetern das Studio 211. Der Entwurf besteht aus polygonalen Boxen mit einer frei gespannten Decke. Außerhalb der Studios bleibt so die Kappendecke des Bestands erhalten und sichtbar und wird durch die indirekte Beleuchtung von der Decke der Studios in Szene gesetzt.

4

1 Das Tonstudio wurde in eine ehemalige Fabrikhalle integriert.
2 Polygonale Boxen bestimmen den Entwurf.
3 Die Kappendecke des Bestands bleibt sichtbar und wird inszeniert.
4 Klare Formen und ein minimalistisches Design bestimmen das Konzept.
5 Grundriss des Ensembles.

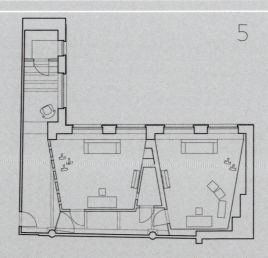

5

1

Architektur

    Klaus Roth Architekten BDA

Adresse

    Oberer Schlossgarten
    70173 Stuttgart, Deutschland

Fertigstellung

    2013

BGF / Sitzplätze

    7.800 m² / 670

Baugattung

    Theater

SCHAU-
SPIEL-
HAUS

STUTTGART,
DEUTSCHLAND

Das Schauspielhaus des Württembergischen Staatstheaters Stuttgart wurde technisch neu ausgebaut und saniert. Bühne, Zuschauerraum, Foyers, der Personal- und Magazinbereiche wurden modernisiert und räumlich optimiert. Akustische Mängel und Sichteinschränkungen im Zuschauerraum wurden mit der rampenartigen Anhebung des Parketts und der Anbringung einer neuen Raumschale behoben. Der Zuschauerraum selbst ist als ein intimer Raum gestaltet, der mit seinen unterschiedlich großen raumbegrenzenden Dreiecksflächen die Trennung zwischen Decke und Wand aufhebt. Es entsteht eine prismatisch gefaltete, wände- und deckenüberspannende Raumschale.

2 3

Eingelassen in das Faltwerk der Raumschale des Zuschauerraums ist eine Lichtinstallation aus 700 LED-Leuchtstreifen, die mit ihrer Lichtwirkung die raumbegrenzenden Elemente dematerialisiert und den Zuschauer auf das bevorstehende Bühnenereignisse einstimmt. Das Eingangsfoyer öffnet sich den Besuchern mit Bar, Garderobe und Lounge, die zu raumbildenden Funktionseinheiten in Sichtbeton- und Holzoptik zusammengefasst sind. Das untere Foyer ist in Granit und Beton ausgebaut, während das obere Foyer eine wärmere Stimmung mit den Materialien Teppichboden in Quarz-Grau und einer Wandbekleidungen in Eiche-Natur hervorruft.

4

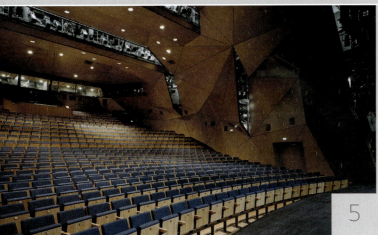

5

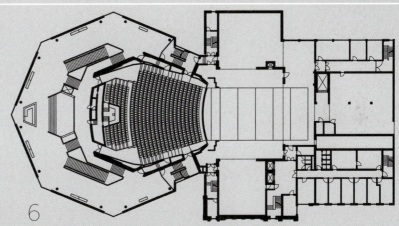

6

1   Zentraler Blick von der Bühne in den Zuschauerraum.
2   Der Treppenaufgang verläuft entlang der Wand mit Türdetail zum Zuschauerraum.
3   Deckendetail des Schauspielhauses mit Blick auf die Bühne.
4   Der Saal ohne Bestuhlung und Ansicht der Decke mit den Beleuchtungsbrücken.
5   Blick von der Seite in den bestuhlten Zuschauerraum.
6   Grundriss des Erdgeschosses.

STADT- THEATER
LANGENTHAL, SCHWEIZ

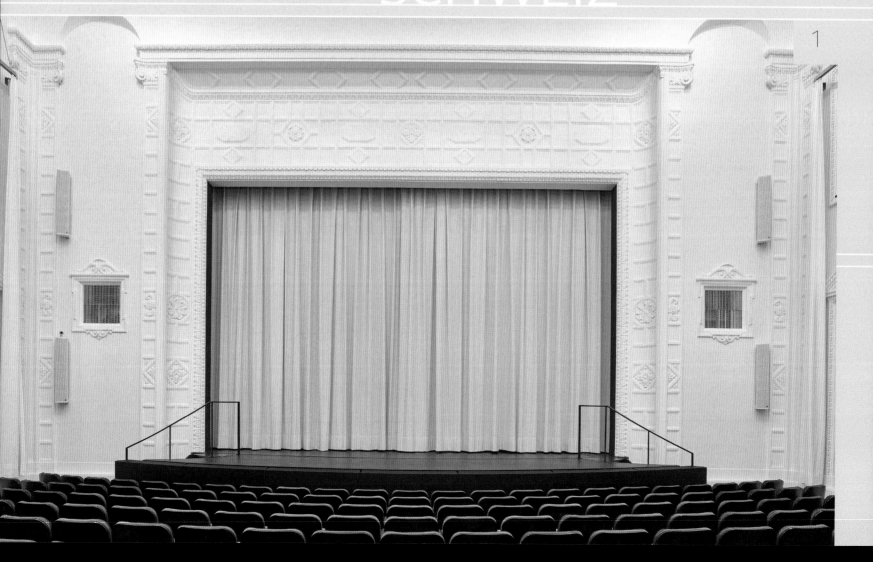

Architektur
: AEBI & VINCENT ARCHITEKTEN

Adresse
: Aarwangenstrasse 8
4900 Langenthal, Schweiz

Fertigstellung
: 2017

BGF / Sitzplätze
: 2.691 m² / 520

Baugattung
: Theater

3

Grundlage der Erneuerung war das 1916 von Keiser & Bracher Architekten fertiggestellte Stadttheater Langenthal im Kanton Bern. Mit dem Verschieben des Eingangs von der West- auf die Nordseite wurde das Haus in seiner Bedeutung und Erscheinung gestärkt und gleichzeitig Raum geschaffen, um die innere Organisation an die Bedürfnisse des heutigen Theaterbesuchers und -betriebs anzupassen.

Das statische Konzept des Umbaus orientiert sich an der bestehenden Tragstruktur. Tragende Wände im Foyer Erdgeschoss werden durch Unterzüge ersetzt, um den nötigen Raum für die beiden neuen Treppenabgänge zu den Garderoben im Untergeschoss zu schaffen. Der Theatersaal mit seinen Stuckaturen, Reliefs und Kapitellen wirkt durch die Neuinterpretation der ursprünglichen Farbgebung plastischer und erhält so seine Würde und Festlichkeit zurück. Das Parkett ist mit 300 von den Architekten eigens für das Theater entwickelten Sitzplätzen ausgestattet.

4

5

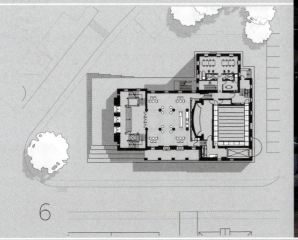

6

1   Der große Saal aus der Zuschauerperspektive.
2   Neue Treppenaufgänge führen zu den Garderoben im Untergeschoss.
3   Das neue Kleintheater bietet Platz für 120 Zuschauer.
4   Der Eingang zum Saal 4 besticht durch klassische Eleganz.
5   Blick von der Bühne in den großen Saal.
6   Grundriss Erdgeschoss mit der Umgebung des Stadttheaters.

CHRISTUS-KIRCHE

HANNOVER, DEUTSCHLAND

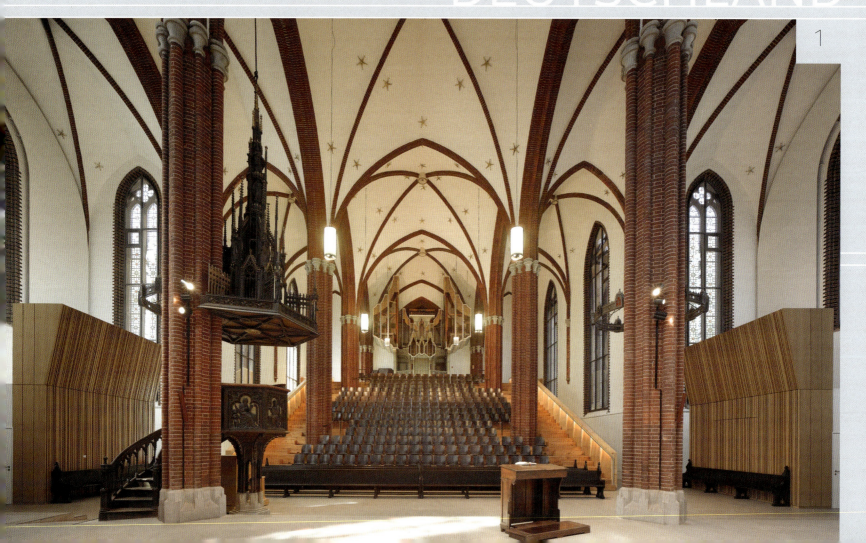

Architektur	ahrens & grabenhorst architekten stadtplaner BDA
Adresse	Conrad-Wilhelm-Hase-Platz 1 30167 Hannover, Deutschland
Fertigstellung	2015
Akustikspezialist	Szynajowski Akustik
Baugattung	Sakralbau

HANNOVER

3

6

Die denkmalgeschützte Christuskirche in Hannover von Conrad Wilhelm Hase aus dem Jahr 1864 gehört zu den bedeutenden nationalen Baudenkmälern Deutschlands. Mit der heutigen Frage nach möglichen Um- und Neugestaltungen der Sakralbauten wurde ein passgenaues Konzept erarbeitet. Die Sanierung und der Umbau schufen Raum für das Internationale Chorzentrum. Die holzverkleidete Tribüne bietet Platz für 300 Besucher und steigt vom Boden des Kirchenschiffs in 15 Stufen zur Orgelempore auf sechs Meter Höhe an. Die Tribüne kann ebenso als Musikbühne verwendet werden.

Unterhalb der Tribüne befindet sich ein Probenraum für rund 100 Sänger. Dieser Raum wird von einer von zweieinhalb auf fünf Meter Höhe ansteigenden Decke überspannt. Die Seitenwände sind mit Glaslamellen ausgekleidet, die restlichen Wandoberflächen sind unter dem Aspekt der akustischen Anforderungen gestaltet. Die Erschließung des Gebäudes läuft nicht traditionell über die Mittelachse, sondern vielmehr über die Haupteingänge, links und rechts an dem Probensaal vorbei. Diese Wegweisung beruht auf dem originären Hase'schen Erschließungskonzept über die Seitenschiffe. Der Blick auf Gewölbe und Altarraum erschließt sich sukzessive.

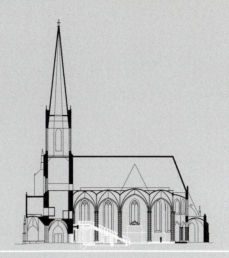

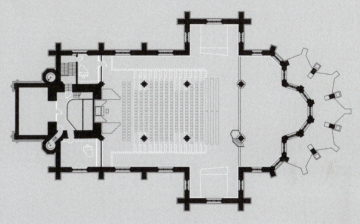

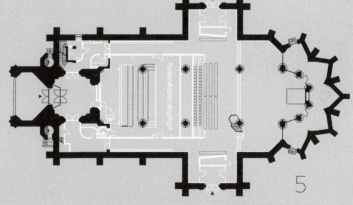

1   Seitlich von Tribüne und Orgel sieht man seitlich die Windfänge der Seitenportale mitsamt der akustischen Ertüchtigung.
2   Außenansicht der Kirche.
3   Blick von der Tribüne auf den Altar und die Kanzel.
4   Blick in den Chorsaal.
5   Längsschnitt, Grundriss Tribüne und Grundriss Erdgeschoss.
6   Kirchenfenster über der Tribünenbrüstung.

NOHO
HAMBURG, DEUTSCHLAND

Architektur	Querkopf Architekten
Adresse	Nobistor 10 22767 Hamburg, Deutschland
Fertigstellung	2013
BGF / Sitz- / Stehplätze	600 m² / 80 / 400
Baugattung	Diskothek und Club

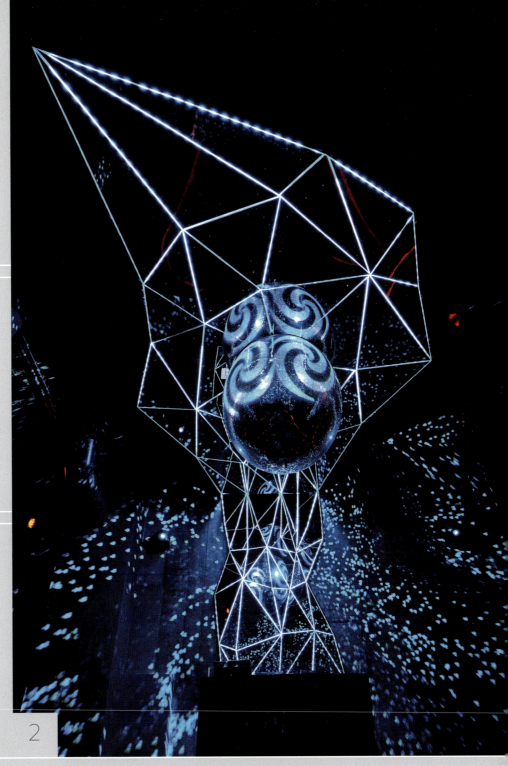

3

Die Reeperbahn von oben – ob von der Dachterrasse, der Tanzfläche oder aus den Loungebereichen – das Noho verspricht ein exklusives Erlebnis in der Hamburger Partyszene. Eine gigantische Diskokugel trifft auf mit veganem Bezug in Schlangenlederoptik ausgestattete Sitzecken, während ein riesiger blinkender Kristallhimmel im Dachgeschoss für surreale Stimmungen sorgt. Eine Decken-Lichtskulptur befeuert die Tanzfläche mit Lichtblitzen und lässt die Gäste den Alltag vergessen.

Der untere Floor ist eine Mischung aus SM-Studio mit Kettenwänden und geschweißten Betten und Bernsteinzimmer mit Gabionen aus Glasbrocken. Die Wegführung durch den Club stand im Fokus des Designs: An keiner Stelle sollte sich der Gast beobachtet oder unwohl fühlen. Eine 24 Quadratmeter große und 30 Zentimeter dicke Betonwand musste weichen, um diesen Ansprüchen gerecht zu werden. Entstanden ist ein einzigartiges Design, das genügend Raum für freie Entfaltung lässt.

1   Das ausgefeilte Lichtkonzept kreiert eine surreale Umgebung.
2   Die überdimensionale Diskokugel zieht die Blicke der Gäste auf sich.
3   Dunkle Oberflächen und Rottöne unterstreichen die provokativ-losgelöste Atmosphäre.
4   Gabionen aus Glasbrocken sorgen für mystische Momente.
5   Der Loungebereich bietet einen komfortablen Rückzugsraum.
6   Grundriss des vierten Obergschosses.

1

Architektur
: tonarchitektur, Willensdorfer KG

Adresse
: Universitätsring 2
1010 Wien, Österreich

Fertigstellung
: 2013

Projektleitung
: David Müllner

Bauleitung
: Art for Art Theaterservice GmbH

Baugattung
: Probebühne Theater

PROBE-BÜHNE BURG-THEATER

WIEN, ÖSTERREICH

2

4

5

Die Probebühne auf der Landtmannseite des Burgtheaters wurde seit der Wiedereröffnung des Burgtheaters im Jahre 1955 vornehmlich für musikalische Proben und Tonaufnahmen genutzt. Sowohl die gestalterische als auch die akustische Ausstattung des in die Jahre gekommenen Ensembles konnten die Anforderungen eines modernen Proberaums nicht mehr erfüllen. Im Jahr 2013 bestand akuter Handlungsbedarf, da die Behörde aufgrund von Sicherheitsmängeln keine Genehmigung zur Nutzung des Raums mehr erteilte.

Grundidee und Anforderungsprofil waren klar: Es sollte ein Raum geschaffen werden, der für Tonaufnahmen und musikalische Proben optimal geeignet und akustisch so abgeschirmt ist, dass auch bei gleichzeitig stattfindenden Vorstellungen auf der großen Bühne ungestört geprobt und aufgenommen werden kann. Durch den Einsatz von schräg montierten Scheiben, die keine störende Reflexion auslösen, kann nun bei Tageslicht gespielt und geprobt werden. Der Raum wurde für Stimme und Klavier optimiert, aber auch Orchester bis zu einer 40-köpfigen Personenanzahl können unter hervorragenden Bedingungen proben.

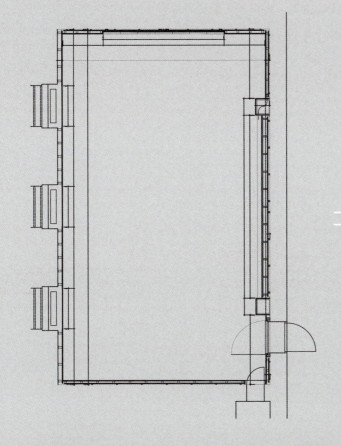

1 Der neue Proberaum wirkt hell und weitläufig.

2 Beleuchtung und Akustik wurden an die Bedürfnisse einer modernen Probebühne angepasst.

3 Der Grundriss der Probebühne.

4 Die schwarzen Flächen fungieren als Breitbandabsorber.

5 Die großen Segel an der Decke lenken gezielt die Schallenergie um und verteilen diese homogen.

6 Der schwarze rückspringende Sockel lässt den Raum schwebend erscheinen.

SAKRAL-BAU

MÜNCHEN, DEUTSCHLAND

Architektur	**Orgelbauer**
Haack + Höpfner . Architekten	Vleugels Orgelmanufactur, Hardheim
Adresse	
Helmpertstraße 7	**Akustikspezialist**
80687 München, Deutschland	Müller-BBM
Fertigstellung	**BGF / Plätze**
2013	1.626 m² / 241 bis 457
	Baugattung
	Sakralbau

3

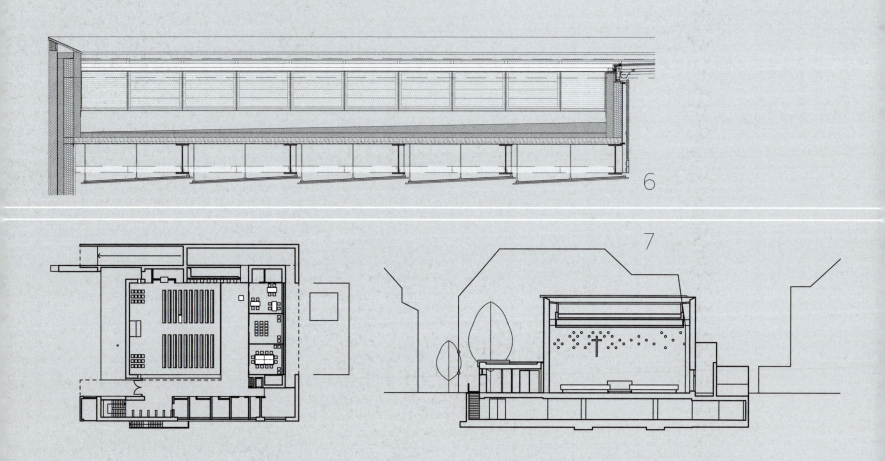

6

7

Der Kirchenneubau bildet zusammen mit dem neuen Vorplatz ein städtebauliches Ensemble. Ein Wasserbecken mit freistehendem Kreuz ist dem Sakralraum vorgelagert. Der Weg zur Kirche führt entlang des seitlichen Nebenbaukörpers über ein mittiges Foyer zum Sakralraum. Dieser lässt sich nach Bedarf der Gemeinde über verschiebbare Wände zum geschützten Garten hin flexibel vergrößern.

Die von einer Lichtwolke durchzogene Altarwand bringt zusammen mit der natürlichen Belichtung von oben eine sich im Verlauf des Tages verändernde Lichtstimmung mit sich. Die Fassade des Kirchenraums ist mit einem mehrschichtigen Glattputz versehen, der die Hülle weiß schimmern lässt. Eine gute Akustik sowohl für das gesprochene Wort als auch den Gesang und die Orgelmusik wurde durch die Raumgeometrie und Einbauten erreicht.

1   Das Gebäude präsentiert sich unprätentiös und zugleich prägnant in seinem Umfeld.
2   Natürliche Lichtverhältnisse im Sakralraum werden durch das umlaufende Oberlicht erreicht. Die Akustikdecke scheint über dem Sakralraum zu schweben.
3   Verschiebbare Wände erlauben Größenanpassungen und die Öffnung zum Garten hin.
4   Eingangsbereich und Foyer sind dem Sakralraum vorgelagert und gliedern das Gebäude.
5   Neben gesprochenen Wort war guter Klang der Orgel entscheidend für das akustische Konzept.
6   Detail der Akustikdecke im Sakralraum.
7   Grundriss mit Bestuhlungsmöglichkeit und Querschnitt durch die Ost-Westseite.

Architektur	Ivano Gianola, Mendrisio
Adresse	Piazza Bernardino Luini 6 6900 Lugano, Schweiz
Fertigstellung	2015
BGF / Sitzplätze	800 m² / 1.000
Akustikspezialist	Müller-BBM
Baugattung	Kulturzentrum mit Theater- und Konzertsaal

LAC LUGANO

LUGANO, SCHWEIZ

ARTE E CULTURA

1 Panoramaansicht des LAC Lugano Arte e Cultura.

2 Blick von der Empore auf die Bühne.

3 Grundrissplan von Theater- und Konzertsaal.

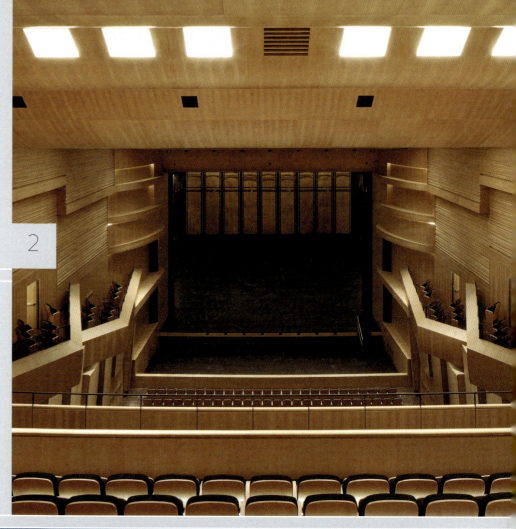

4   Außenansicht des LAC Lugano Arte e Cultura.

5   Die Seiten- und Deckenverkleidung von Theater- und Konzertsaal.

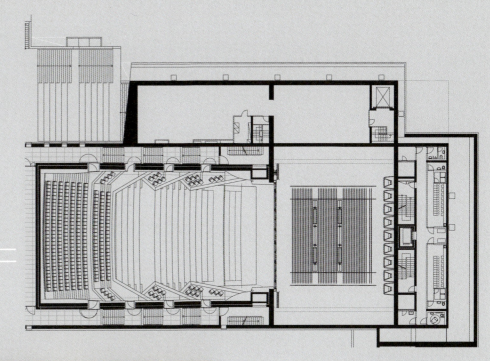

3

5

Das LAC Lugano Arte e Cultura, das neue Kulturzentrum direkt am Luganersee, beherbergt sowohl das Museo d'arte della Svizzera italiana als auch einen erstklassigen und sehr vielseitig nutzbaren Theater- und Konzertsaal. Der hochmoderne Saal für bis zu 1.000 Zuschauer lässt sich von einem Konzertsaal für große Symphonieorchester in einen Theatersaal für Schauspiel, Oper und Ballett umwandeln. Im Orchestergraben finden dann bis zu 75 Musiker Platz.

Für Konzerte mit klassischer Musik wird auf der Bühne eine modulare Orchestermuschel aufgebaut, die den Zuschauerraum nahtlos erweitert und das akustisch wirksame Volumen auf bis zu 10.000 Kubikmeter vergrößert. Bei Theaternutzungen ermöglichen variable und akustisch wirksame Vorhänge eine individuelle Anpassung der Nachhallzeit.

1

Architektur	O&O Baukunst
Adresse	Belforter Straße 15 10435 Berlin, Deutschland
Fertigstellung	2017
Bühnentechnik	Theater Engineering Ingenieurgesellschaft, Berlin
Akustikspezialist	IB Rahn, Berlin
Baugattung	Hochschule

BAT-THEATER DER HSF ERNST BUSCH

BERLIN, DEUTSCHLAND

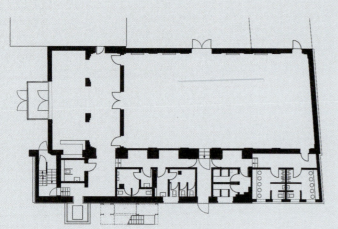

Berlin ist bis heute von Kriegszerstörungen, Brandwände und Lücken geprägt. Das bat-Studiotheater befindet sich in einem unscheinbaren Hinterhaus. und wurde ehemals als Tanzsaal errichtet. In den 1960ern gründeten Wolf Biermann und Brigitte Soubeyran hier das neue Berliner Arbeiter- und Studententheater. Die Hochschule nutzt die Spielstätte seit 1974 für die Studio- und Diplominszenierungen sowie für Werkstattabende.

Das Gebäude ist mit Ausnahme der neuen Eingangssituation äußerlich unverändert geblieben. Die Erneuerung zeigt sich erst beim Betreten des Gebäudes. Die vorgefundene diffuse Raumstruktur wurde zugunsten einer zweiteiligen Raumfolge verändert und geklärt. Der Theaterraum selbst wurde nach dem Vorbild einer Black Box oder eines White Cube bis auf die Rohbaustruktur entkernt.

4

5

1   Blick aus dem Foyer auf die geschlossenen Türen des Theaterraums.
2   Grundriss des Erdgeschosses.
3   Das große Foyer mit zurückhaltenden weißen Oberflächen und rotem Estrich bietet den Besuchern einen angemessenen Auftritt.
4   Die Bühne bietet den Studierenden vielerlei Möglichkeiten für ästhetische und räumliche Experimente.
5   Der Vorraum der Bühne mit roh belassenen Wänden und Decken und sichtbar installierter Theatertechnik.

HEART

1

MÜNCHEN, DEUTSCHLAND

Architektur	Thomas Baecker Bettina Kraus Architekten
Adresse	Alte Börse, Lenbachplatz 2 80333 München, Deutschland
Fertigstellung	2015
Baugattung	Club

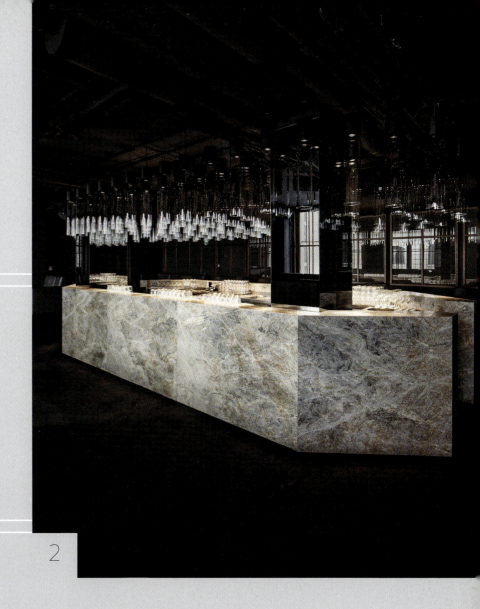

HOUSE

1 Ein runder Raum mit rundem Tisch.
2 Die Bar des Heart House.
3 Schnitt durch einen Raum.
4 Maßgefertigte Lampen hängen in Reihe.
5 Einer der eckigen Tische aus Naturstein.

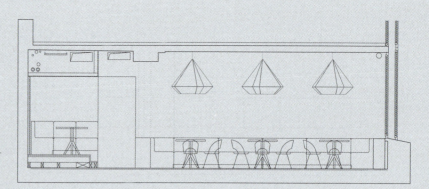

3

4

5

Das ehemalige Bankgebäude am Lehnbachplatz bietet Raum für private Feierlichkeiten, kulturelle Veranstaltungen und Tanzevents. Bei der Zuordnung und Aufteilung der Räumlichkeiten wurde vor allem auf die dominante Bestandsstruktur geachtet. Strukturelle Eingriffe beschränkten sich auf nicht tragende Bauteile. Die Location, angelehnt an das angelsächsische Modell des *Privat Member Clubs*, besteht aus vier Kernräumen mit je einer Bar. Diese sind entlang der Außenfassade organisiert.

6   Das Waschbecken aus Naturstein.
7   Flur mit seitlicher Beleuchtung.
8   Grundriss des Obergeschosses.

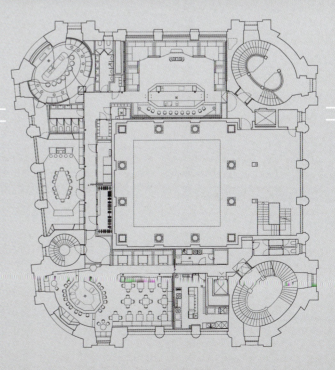

Das Restaurant als einsehbare Küche, das Separee mit übergroßem Tisch und der Club mit kompakter Tanzfläche bieten viel Platz für gesellige Feierlichkeiten. Materialisierung aller raumbildenden Einbauten und Möbel basieren auf der Idee einer differenzierten Einheit. Die Formen der Tische und Bars wurde aus den Raumformen abgeleitet. So ergab sich eine Zugehörigkeit zu der hexagonalen, oktogonalen und ovalen Möblierung. In jedem Raum wurde ein anders gemaserter und gefärbter Hartstein für die Einbauten genutzt. Der Privatclub ist über das runde Eingangspoché oder den Seiteneingang durch die Küche zu erschließen.

1

Architektur	**Akustiker / Lichtplaner**
spillmann echsle architekten	Müller-BBM / Caduff & Stocker Lichtplanung
Adresse	
Zahnradstrasse 22/24	**BGF / Sitzplätze**
8005 Zürich, Schweiz	5.500 m² / 1.224
Fertigstellung	**Baugattung**
2017	Konzerthaus

TONHALLE INTERIMS- SPIEL- STÄTTE MAAG
ZÜRICH, SCHWEIZ

Ausgehend vom künstlerischen Niveau des 1968 gegründeten Orchesters der Tonhalle Zürich und der Qualität der bisherigen Spielstätte, sollte auch der provisorische Konzertsaal höchsten Ansprüchen gerecht werden. Die ehemalige Maag-Industriehalle, in der bis in die 1990er Jahre Getriebe, Pumpen und Zahnräder gefertigt wurden, wurde in kurzer Zeit zu einem Konzerthaus mit exzellentem Klangniveau umgebaut.

Als hölzerne Box konzipiert, liegt der aus schlichtem Fichtenholz gefertigte Konzertsaal in einer ehemaligen Produktionshalle. Der klassische Rechtecksaal weist insgesamt 1.224 Sitzplätze auf, von denen 440 in den Rängen an den Kurz- und Längsseiten des Saales angeordnet sind. Der Umraum der Industriehalle wird durch die rohe Konstruktionsweise des Holzelementbaus bestimmt. Durch fein abgewinkelt angeordnete wand- und raumseitig konvex gewölbte Deckenpaneele werden die rechten Winkel im Saal gebrochen und der Schall optimal reflektiert. Der Saal wird als Klangkörper erlebbar.

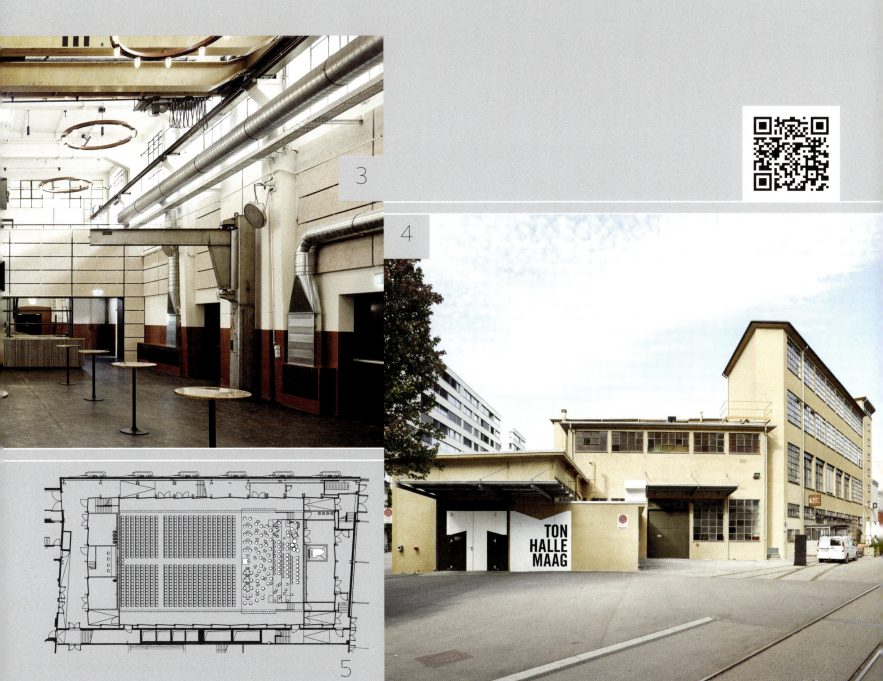

1 Der Konzertsaal schafft mit seinem schlichten Design einen zurückhaltenden Rahmen, der die Aufmerksamkeit auf die Darbietung lenkt.
2 In den Korridoren bleibt die bauliche Geschichte des ehemaligen Industriekomplexes erfahrbar.
3 Industriecharme und helle Oberflächen machen das Foyer zu einem komfortablen Aufenthaltsort.
4 Außenansicht der denkmalgeschützten Maag Halle.
5 Grundriss des Erdgeschosses.

Architektur	BGF / Sitzplätze
3deluxe	175 m² / 78
Fertigstellung	Baugattung
2017	Nachtclub

AUF SEE, WELTWEIT

NACHT-CLUB

AUF DEM MEER

2

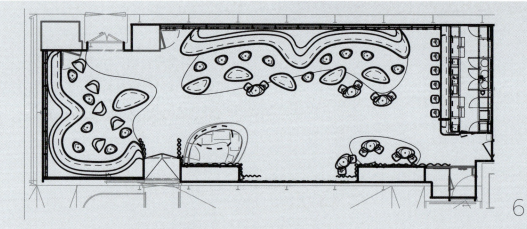

6

Für das Kreuzfahrtunternehmen TUI Cruises entwarf das Designbüro 3deluxe ein neues, expressives Raumkonzept für den Nachtclub an Bord der *Mein Schiff*-Flotte. Das Studio war unter anderem durch die Realisierung von Sven Väths legendärem Cocoon Club bekannt geworden. Ausgefeilte Lichtprogrammierungen und ein flexibel positionierbares Mobiliar aus 3D-verformtem Mineralwerkstoff machen den Raum wandelbar und für unterschiedliche Zwecke nutzbar.

Herzstück dieser atmosphärischen Rauminszenierung für TUI Cruises ist eine ornamental gemusterte Lichtwand. Ergänzt durch eine spiegelnde Raster-Installation, sorgt sie für ein sinnliches Raumerlebnis. Die realen Grenzen des Raums verschwimmen und der Betrachter nimmt sich als Teil der vielschichtigen reflektierenden Umgebung wahr. Ausgefeilte Lichtprogrammierungen und das flexibel positionierbare Mobiliar aus 3D-verformtem Mineralwerkstoff machen den Nachtclub auf dem Meer wandelbar und für unterschiedliche Zwecke nutzbar.

1 Blick in den Club vom Eingangsbereich.
2 Detail der Lichtwand mit dem vorgeblendeten Spiegelraster.
3 Großzügige Sitzmöglichkeiten in dezenter Farbigkeit vor der farbintensiven Lichtwand.
4 Die Form der Tische nimmt die organische Designsprache auf.
5 Gestaltungsdetail DJ-Booth.
6 Grundriss des Clubs an Bord.

1

Architektur	vielmo architekten
Adresse	Stuttgarter Straße 65 70806 Kornwestheim, Deutschland
Fertigstellung	2014
Bau- und Raumakustik	Müller-BBM
Bühnentechnik	Bühnenplanung Walter Kottke Ing
Freianlagen	Kienle Plan
BGF / Sitzplätze	9.580 m² / 1.140
Baugattung	Kulturzentrum

DAS K
KORNWESTHEIM,
DEUTSCHLAND

2

3

5

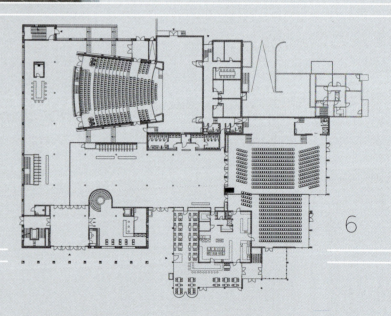

6

Das K bietet als Kulturzentrum ein breit gefächertes Angebot mit Theatersaal, multifunktionalem Festsaal, Konferenzsaal, Stadtbibliothek, Kulturverwaltung und Gastronomie. Der neue Stadtbaustein stellt die räumliche Kontur der Stuttgarter Straße wieder her und schafft eine prägnante Raumkante zum Marktplatz. Der Rathausturm – das Wahrzeichen Kornwestheims – wird in das städtebauliche und architektonische Konzept integriert. Der Neubau fungiert somit als Schlussstein des Kulturkarrees der Stadtmitte.

Über einen zentralen Haupteingang werden alle Nutzungseinheiten erschlossen. Die Foyerbereiche sind flexibel abtrennbar. Auch der Fest- und der Konferenzsaal lassen sich durch mobile Trennwände unterteilen. Das Atrium und die Bibliothek bilden einen sozialen und kulturellen Treffpunkt. Das Theater ist mit einer Vollbühne mit zugehörigem Orchestergraben ausgestattet.

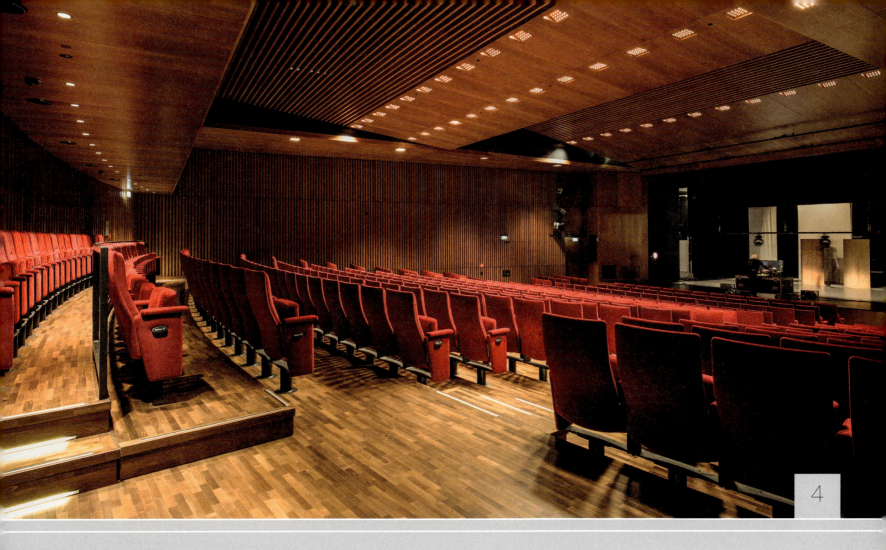

1 Der Theatersaal bietet mit Vollbühne und Orchestergraben Raum für eine breite Veranstaltungspalette.

2 Die Räume der Stadtbibliothek reihen sich als sozialer Treffpunkt in das vielfältige Kulturangebot ein.

3 Der Rathausturm wird städtebaulich harmonisch integriert und bleibt somit als Wahrzeichen erlebbar.

4 Der Theatersaal bietet Platz für 420 Zuschauer und besticht durch warme Holzelemente.

5 Die Foyerbereiche sind flexibel abtrennbar.

6 Grundriss des Erdgeschosses.

HAMBURG, DEUTSCHLAND

Architekt

PFP Planungs GmbH
Prof. Jörg Friedrich Hamburg

Adresse

Feldstraße 66
20359 Hamburg, Deutschland

Fertigstellung

2014

BGF / Sitzplätze

935 m² / 230

Baugattung

Konzertraum

RESONANZ-RAUM IM HOCH-BUNKER AUF ST. PAULI

1 Klang und Stille eines Cello im leeren Raum.
2 Das großes Akustik-Schwingdrehtor.
3 Die harte Hülle des Gebäudes.
4 Impression der Bühne von vor einem Konzert.

2

5

6

Das durch die Musiker selbstverwaltete Orchester *ensemble Resonanz* hat in der zu einem Konzert- und Probesaal umgebauten Bunkeretage eine neue Adresse und Spielstätte gefunden, den Resonanzraum Hamburg. Der Weltkriegshochbunker wurde den akustischen und gestalterischen Anforderungen angepasst. Der Raum bietet Platz für Konzerte und bei Veranstaltungen – wie unter anderem dem Schleswig-Holsteiner Musikfestival – wird hier eine Verbindung zwischen zeitgenössischen und klassischen Aufführungen hergestellt.

3

4

5   Die Oberfläche des Schwingdrehtors.
6   Ansicht des Hochbunkers am Heiliggeistfeld in St.Pauli.
7   Grundriss des Resonsnzraum.
8   Der Resonanzraum als Fokus.

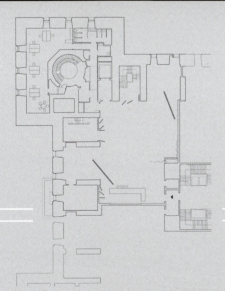

7

8

Für die flexible Akustik wurden zwei asymmetrisch gelagerte Schwingdrehtore von 7 u 4 Metern als Steuerungselemente des Raumvolumens eingebaut. Die unterschiedlich perforierten Seiten steuern zusätzlich die Nachhallzeiten. Die akustische Qualität kann somit baulich variabel genau auf die konkreten Anforderungen abgestimmt werden, von Kammerkonzerten, über modernem Techno bis hin zu CD-Einspielungen.

KONZERT-HALLE

REUTLINGEN, DEUTSCHLAND

Architektur	Max Dudler
Adresse	Oskar-Kalbfell-Platz 8 72764 Reutlingen, Deutschland
Fertigstellung	2012
Landschaftsplaneung	Prof. Kienle + Partner, Stuttgart
BGF / Sitzplätze	21.100 m² / 2.300
Baugattung	Veranstaltungshalle

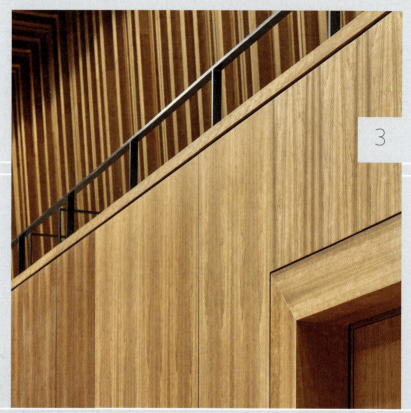

3

Die Konzert- und Veranstaltungshalle bildet das Kernstück des neu geschaffenen Bruderhausareals neben der Reutlinger Altstadt und fungiert als zeitgenössisches, kulturelles Zentrum der Stadt.

Städtebaulich gliedert sich das Gebäude in zwei Volumen: den Sockel, der horizontal die Linie der Baumwipfel aufnimmt, und die darauf sitzende, strahlende Krone. Dem Typus eines antiken Tempels nachempfunden, stellt diese Krone die Verbindung vom Bürgerpark zum alten Stadtkern her.

5

4

1 Südostansicht mit Blick auf den Haupteingang.
2 Außenterrasse im dritten Obergeschoss mit Blick auf die Stadt.
3 Detailansicht des Rangs im großen Saal.

6

4 Die Foyerflächen sind als Ringhalle angelegt.
5 Der große Saal bildet das Herzstück der Veranstaltungshalle.
6 Großzügige Treppenaufgänge verbinden die Geschosse.

1

Architektur

Thomas Baecker
Bettina Kraus Architekten

Adresse

Reeperbahn 1
20359 Hamburg, Deutschland

Fertigstellung

2013

Plätze

800

Baugattung

Club

MOJO

HAMBURG,
DEUTSCHLAND

CLUB

2

Ganz nach dem Schlachtruf *Going Underground* von der Mod-Band *the Jam*, öffnen sich nachts die Tore des Mojo Clubs. Tagsüber unsichtbar, werden am Abend für Eingeweihte die zwei Bodenluken mit dem berühmten Logo geöffnet. Im Untergrund auf zwei Ebenen verlieren sich bis zu 800 Besucher in der Musik und Szenerie. Ohne Beschilderungen von Dancefloors, Toiletten oder Garderoben irren einige Besucher umher. Zielloses schweifen und treiben, verleitet dazu sich im Raum und Klang zu verlieren und mit neuen Leuten in Kontakt zu treten. Der Kern der Location ist zurückhalten und legt so den Fokus auf die Musik, Bands, DJs und Tänzer.

3

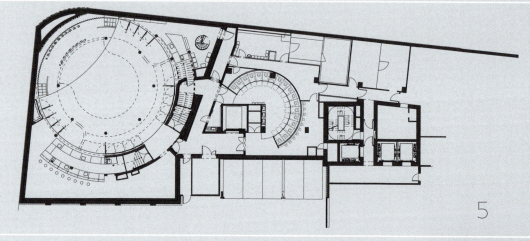

5

7

1 Kernraum ohne Wandverkleidung.
2 Kernraum des Clubs.
3 Das Logo vom Mojo.
4 Das Badezimmer mit deckenhohen Spiegeln.
5 Grundriss des dritten Untergeschosses.
6 Axonometrie der Lamellen.
7 Empore als Teil des Kernraums.
8 Der Schnitt vom Club.

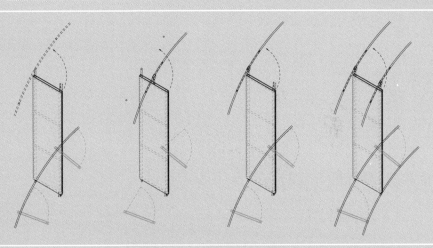

Für das wahre Spektakel sorgt die Lebendigkeit und der Andrang von Menschen. Auf zwei Ebenen bietet ein schwimmend gelagerter Boden aus geölten Multiplexplatten genügend Raum zum Tanzen. Für Bands und DJs gibt es eine große Bühne und für Zuschauer eine geschwungene Empore. Das für einen Club ungewohnt helle und statische Licht lässt die Bewegungen der Tänzer gut erkennen und fördert Kommunikation. Trotz des vielen Betons entsteht im Mojo eine warme und angenehme Atmosphäre. Die Klangliche und optische Präsenz ist auf das Holz des Tanzbodens und der Wandverkleidung zurückzuführen.

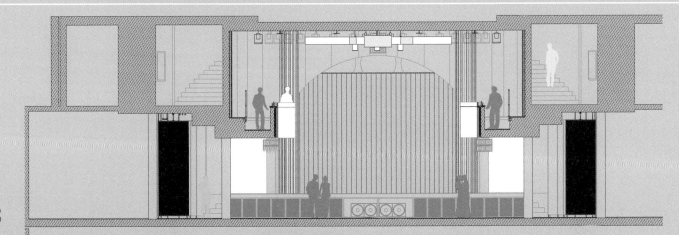

18

HAUS
INNSBRUCK, ÖSTERREICH

Architektur

Dietrich | Untertrifaller Architekten ZT

Adresse

Universitätsstraße 1, 6020 Innsbruck, Österreich

Fertigstellung

2018

1

DER MUSIK

2

BGF / Sitzplätze

12.700 m² / 508, 110, 217

Akustikspezialist

Müller-BBM

Baugattung

Veranstaltungsforum und
Bildungsstätte für Musik

19

3

Das Haus der Musik vereint viele unterschiedliche Nutzer unter einem Dach. Große verglaste Flächen, wie das transparente Foyer, bei dem man selbst aus dem Untergeschoss einen Blick auf die imposante Berglandschaft werfen kann, oder auch der Große Saal im Obergeschoss stehen im respektvollen Kontrast zum angrenzenden Landestheater und zur gegenüberliegenden Hofburg. Großer und Kleiner Saal, Kammerspiele, [K2], Musikübungsräume, Bibliothek und Gastronomie sind in einem einzigen Gebäude neben- und übereinander untergebracht, wobei ein Hauptaugenmerk darauf lag, sie bei zeitgleicher Nutzung der jeweiligen Räume akustisch gegeneinander abzuschirmen.

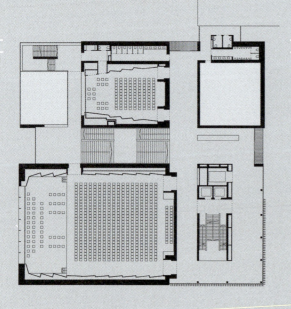

6

Passgenaue raumakustische Konzepte wurden unter Berücksichtigung des hohen gestalterischen Anspruchs der Architekten individuell umgesetzt. Mobile akustische Maßnahmen, welche im Großen Saal hinter den Holzlamellen verborgen sind, erhöhen die Nutzungsvariabilität. Insbesondere die körperschallentkoppelte Raum-in-Raum-Konstruktion und hochschalldämmende Kastenfensterkonstruktionen für die Konzert- und Veranstaltungssäle gewährleisten eine störungsfreie Nutzung ohne jegliche organisatorische Einschränkung und führen im Haus der Musik zu einem herausragenden akustischen Niveau.

1 Blick auf die Bühne der Kammerspiele.
2 Das Haus der Musik von außen mit Einblicken.
3 Das hohe Foyer im Haus der Musik.
4 Wand im Großen Saal.
5 Das Kammermusik-Seminar (Mozarteum).
6 Grundriss der Ebene 1.
7 Längsschnitt durch das Gebäude.

4

5

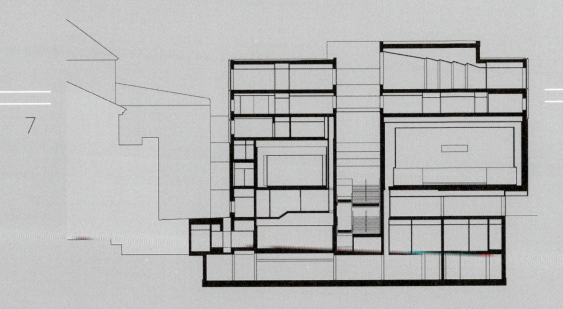

7

STAA
GÄR

Fertigstellung	2017
Architektur	
Atelier Achatz Architekten	
	BGF / Sitzplätze
	28.636 m² / 880
Adresse	
Gärtnerplatz 3	Baugattung
80469 München, Deutschland	Theater

TSTHEATER AM TNERPLATZ

MÜNCHEN, DEUTSCHLAND

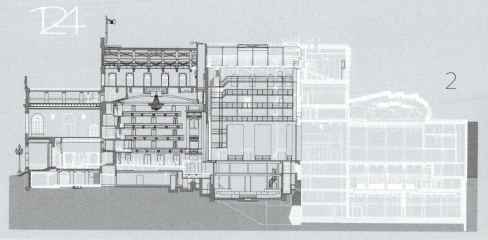

2   3

6

Mit der Generalsanierung des Staatstheaters am Gärtnerplatz in München wurden die über mehrere Liegenschaften in der Stadt verteilten Einrichtungen des Theaters in einem Hause zusammengefasst, das historische Baudenkmal instandgesetzt und optimale Funktionsabläufe geschaffen. Nicht denkmalgeschützte Gebäudeteile wurden für die Neuentstehung abgebrochen, die historischen Fassaden nach originalem Vorbild rückgebaut und der Bestand mit einem behutsam eingefügten Neubau ergänzt. Durch die Generalsanierung und Instandsetzung ist das Theater über zwei Zuschauereingänge vom Gärtnerplatz (Nord) und Bühneneingang (West) barrierefrei erschlossen.

Die Maßnahme umfasste die Erweiterung des bestehenden Orchestergrabens sowie die Errichtung von Probesälen für Chor- und Orchesterproben. Die beiden Probesäle befinden sich im südlichen Neubau. Aus Schallschutzgründen (Immissionsschutz gegenüber den Nachbarn) wurden die Probesäle in sogenannter Raum-in-Raum-Bauweise erstellt. Die asymmetrischen Wand- und Deckenflächen regulieren die einzelnen Facetten der Akustik. Der Blick schweift von hier über die Dächer Münchens.

1   Der Blick vom Zuschauersaal Richtung Bühne und Orchestergraben.
2   Längsschnitt des Staatstheaters am Gärtnerplatz.
3   Der asymmetrische Innenraum des Orchesterprobensaals.
4   Lageplan des Theaters.
5   Der Probesaal für Chorproben.
6   Die Südseite des Bühnenturms mit dem Dach des Orchesterprobensaals.
7   Der Orchesterprobensaal über den Dächern Münchens.

Architektur	Querkopf Architekten
Adresse	Große Freiheit 18 22767 Hamburg, Deutschland
Fertigstellung	2017
BGF / Sitz- / Stehplätze	173 m² / 40 / 80
Baugattung	Diskothek und Club

BROOKLYN CLUB

HAMBURG, DEUTSCHLAND

Die Gestaltung der Außenfassade wird im Inneren wieder aufgenommen und die Fugen fließen zu einem monolithischen Tresen aus Messing zusammen. Auf dem Weg zum Dancefloor durchquert man einen Kubus aus Spiegeln, der wie eingeschoben wirkt und Blickbeziehungen aus verschiedenen Perspektiven ermöglicht. Die organisch geformten Sitzreihen mit den runden Tischen und den pyramidenförmig ansteigenden Podesten rund um den Floor geben den Gästen das Gefühl, sich fließend durch den Raum bewegen zu können.

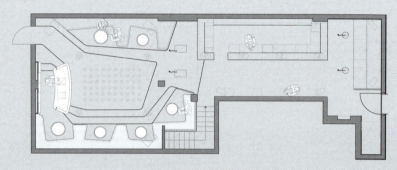

2

3

Der Brooklyn Club mit seiner vollständig geschlossenen Fassade aus Messing und Backstein sticht auf der Großen Freiheit heraus und bildet einen eleganten Kontrast zu den Gebäuden mit LED-Beleuchtung der umgebenden Bebauung. Gefertigt aus beschichteten, goldfarbenen Metallplatten hinter schwarzen Backsteinen, präsentiert sich die Fassade als dynamisches Raster. Einzig eine große schwarze Stahltür zeichnet sich ab und weist den Weg ins Innere.

4

5

1   Der monolithisch anmutende Tresen aus Messing fungiert als eleganter Blickfang.
2   Grundriss vom Erdgeschoss.
3   Glaselemente kreieren atmosphärische Lichtstimmungen.
4   Die Sanitärräume werden von einem kühlen Industrialdesign bestimmt.
5   Organisch geformte Sitzgruppen und pyramidenförmige Podeste schaffen fließende Übergänge.

1

2

Architektur	AAg LoebnerSchäferWeber
Adresse	Dammweg 17 69123 Heidelberg, Deutschland
Fertigstellung	2011
BGF / Sitzplätze	1.227 m² / 120
Baugattung	Sakralbau

LUKAS-KIRCHE

HEIDELBERG, DEUTSCHLAND

Die Lukaskirche ist als Raum des gesprochenen Wortes ausgelegt, die Stimme der Zelebrierenden ist ohne Verstärkung im gesamten Raum hervorragend zu verstehen, auch wenn dieser in Richtung Altarrückwand spricht. Gottesdienste werden von Gemeindegesang begleitet, die Nachhallzeit ist dementsprechend gering ausgelegt. Der Raumklang lässt sich als persönlich und intim beschreiben, dafür sorgen die unterschiedlich eingesetzten Materialien. Fassade und Innenraum werden von Holz, Beton, Metall und Glas geprägt.

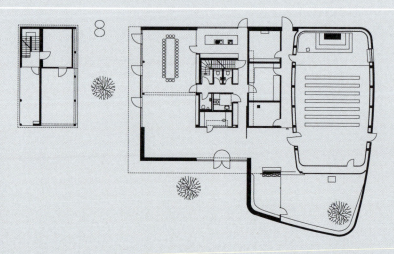

Die Kirche, Sakristei, Kapelle, der Beichtraum und der Kinderraum sind von einer Wand aus Rot eingefärbten Beton eingefasst. In einer bergenden, leicht geschwungenen Form legt sich die Wand um den liturgischen Bereich. Der Kirchraum mit rauer Lärchenverschalung wirkt wie eine hohe, hölzerne Plastik. Materialität und Form spiegeln sich im gesamten Komplex wider. So findet sich grauer Beton mit einer Lärchenverschalung am Pfarrhaus wieder. Die Materialien des Rheintals rücken die Farbigkeit der Natur in den Vordergrund.

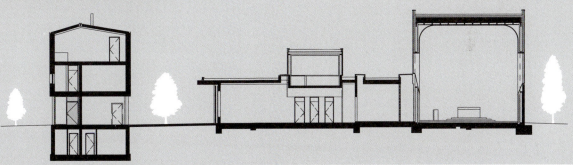

1   Außenansicht von Pfarrhaus und Kirche.
2   Verschiedenen Oberflächentexturen strukturieren den Andachtsraum.
3   Blick in den Gartenhof.
4   Der Gemeindesaal mit großen Fenstern und Oberlicht.
5   Die Kirchenfenster bilden eine plastische Abfolge.
6   Längsschnitt von Pfarrhaus und Kirche.
7   Außenansicht der Lukaslirche.
8   Grundriss von Pfarrhaus und Kirche.

ART COM- MUNITY

WIEN, ÖSTERREICH

1

Architektur	Freimüller Söllinger Architektur ZT GmbH mit Planet Architects
Adresse	Absberggasse 27 1100 Wien, Österreich
Fertigstellung	2014
BGF / Sitzplätze	3.600 m² / 300
Akustikspezialist	Harald Godula, Peter Willensdorfer
Baugattung	Kulturzentrum

CENTER OBJEKT 19

Seit 2009 werden die stillgelegten Teile der 1891 erbauten Ankerbrotfabrik zu einem Kulturareal umgeformt. Objekt 19 wurde dabei als Gebäude für Musik, Tanz und Gesang sowie als Ort für sozial-integrative Projekte geöffnet. Ein Bühneneingang zum benachbarten Kretaviertel und eine vorgelagerte Stahlkonstruktion mit Freitreppe verstärken den Austausch zwischen der lokalen Bevölkerung, den Akteuren und Besuchern. Im Inneren verbindet eine neue als Kommunikationsraum angelegte Treppe das Foyer mit den Proberäumen im ersten Obergeschoss. Zusammen mit dem großen Saal bilden diese Räume das Zentrum des Vereins *superar*, einem integrativen Projekt zur musikalischen Bildung von Kindern und Jugendlichen. Auf deren vielfältige musikalische Darbietungsformen ist die akustische Ausstattung und flexible Einrichtung des Saales abgestimmt. Durch das behutsame Einfügen neuer Elemente bleibt der industrielle Charme des Bestandes erhalten. Das Zusammenspiel von Alt und Neu verfolgt nicht den Anspruch, einen historischen Zustand zu konservieren, sondern lädt die Nutzer ein, sich den Ort anzueignen und eigene Spuren zu hinterlassen. Das gesamte Gebäude wird so zu einer bespielten und zu bespielenden Bühne.

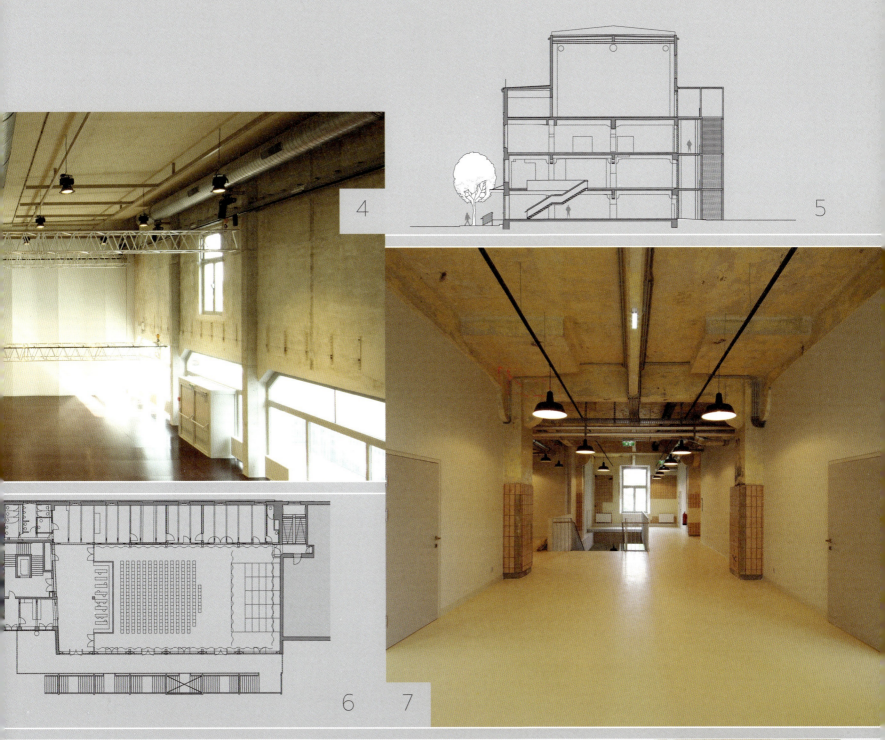

1 Der große Saal im dritten Obergeschoss mit zeitgenössisch rohen Oberflächen.
2 Im Eingangsbereich steigt der filigrane Treppenlauf großzügig auf.
3 Hinter der Treppe findet sich im Erdgeschoss ein Gastronomiebereich.
4 Der große Saal im dritten Obergeschoss ist vielfältig nutzbar.
5 Querschnitt durch das Gebäude.
6 Grundriss drittes Obergeschoss.
7 Der Zugang zu den Proberäumen im ersten Obergeschoss.
8 Eine Wandoberfläche mit Fliesen aus dem Bestand.

1

Architektur
AMA Group Associated Architects

Adresse
Norderelbstraße 8
20457 Hamburg, Deutschland

Fertigstellung
2014

BGF / Sitzplätze
10.200 m² / 1.900

Partner Architekten
Schenk+Waiblinger

Baugattung
Musicaltheater

THEATER AN DER ELBE

HAMBURG, DEUTSCHLAND

2

3

4

6

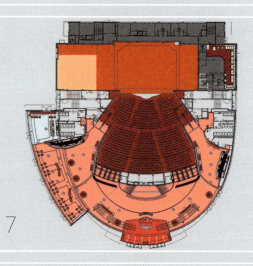

7

Mit seiner Lage direkt an der Elbe besetzt das Theater eine prominente Position im Stadtbild. Gegenüber der Altstadt gelegen, erfolgt der Zugang per Fähre und bildet so einen spektakulären Auftakt für die Besucher. Die Foyers öffnen sich mit ihrer großzügigen Glasfassade zur Flussseite und unterstreichen damit die Verschmelzung zwischen dem charakteristischen Hamburger Hafencharme und dem modernen Entertainmentensemble.

Beim Eintritt besticht der Innenraum durch eine warme und elegante Atmosphäre, die durch die Präsentation ausgewählter Kunstwerke und durch hochwertige Materialien unterstrichen wird. Stehtische und Loungebereiche sorgen für den nötigen Komfort vor Beginn der Show und während der Pausen. Der Zuschauersaal ist ganz in Rot gehalten und bietet Platz für 1.900 Zuschauer. Ein ausgeklügeltes Licht- und Soundsystem sorgt für die reibungslose Umsetzung der aufwendig gestalteten Musicalinszenierung.

1 Die Foyers unterstützen den geselligen Austausch mit Stehtischen und Loungebereichen.
2 Der großzügige Saal wirkt elegant und komfortabel.
3 Klassische Formensprache bestimmt die Foyers.
4 Die Glasfassade eröffnet weitläufige Ausblicke auf die Elbe und das Hamburger Hafenviertel.
5 Ausgewählte Kunstwerke verleihen eine individuelle Note.
6 Die Anreise erfolgt per Fähre und bildet den Auftakt zu einem besonderen Showerlebnis.
7 Grundriss des Theaters.

OHM

Architektur	boparchitects undplus
Adresse	Köpenikerstraße 70 10179 Berlin, Deutschland
Fertigstellung	2014
BGF / Plätze	99 m² / 199
Baugattung	Club und Galerie

BERLIN, DEUTSCHLAND

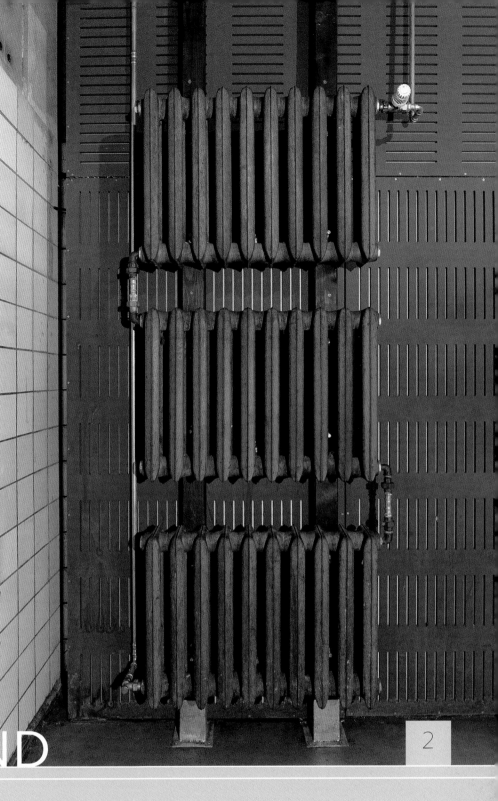

1 Die von den Architekten entworfenen Lichtobjekte entstanden aus Lüftungsgittern der ehemaligen Belüftungsanlage des Batterieraumes.

2 Gestapelte Heizkörper im ehemaligen Batterieraum.

3 Durch die reduzierte Gestaltung der Flächen wird der Fokus auf den Klang gelenkt.

Der Club Ohm im ehemaligen Batterieraum des Kraftwerks Berlin Mitte gilt als Brutstätte der elektronischen Musik. Die massive Architektur unterteilt den Raum in zwei klare Bereiche; die kompakte Tanzfläche und die freistehende Bar. Der gekachelte Beton im Raum wurde beibehalten. Nur der Bodenbelag wurde in Form eines Sichtestriches ergänzt. Die von den Architekten entworfenen Lichtobjekte sind aus Lüftungsgittern der ehemaligen Belüftungsanlage des Batterieraums entstanden. Die Wände sind durchgehend weiß gekachelt. An ihnen finden sich einfache Sitzbänke, deren linearer Verlauf die Bereiche einfasst.

Auf dem Dancefloor bewirken Absorber eine homogene Schallausbreitung. Für die Aufstellung der Lautsprecher wurde in Folge einiger Experimente schließlich ein System gewählt, bei dem die Bässe als Linie in die DJ-Booth integriert sind. Die Tops fliegen an der Decke. Um die trockene Impulsausbreitung zu erhalten, finden sich anstatt einer üblichen 4-Punkt-Aufhängung stattdessen Delaylines, die den Dancfloor in den hinteren Bereichen im Hochton auffrischen.

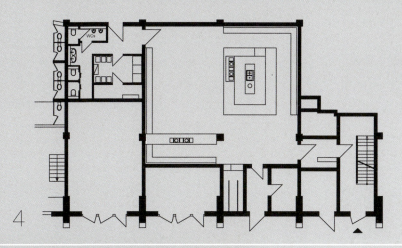

4

5

4   Der Grundriss des Ohm.
5   Der Sichtestrich ergänzt den Industriecharakter von Fließen und Beton.
6   Skizze des Architektenteams.

Architektur	DÜRIG
Adresse	Place Jean Tinguely 1 1701 Fribourg, Schweiz
Fertigstellung	2011
BGF / Sitzplätze	7.965 m² / 699
Baugattung	Gastspielhaus

THÉÂTRE EQUILIBRE

FRIBOURG, SCHWEIZ

2

3

5

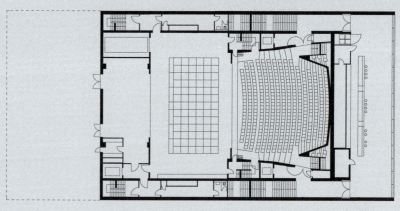

6

Der Grundgedanke des Entwurfs ist, im Erdgeschoss so viel Fläche wie möglich unüberbaut zu lassen, um einen größtmöglichen und flexiblen Platz zu schaffen. Mit seiner minimalen Standfläche und den beidseitigen, charakteristischen Auskragungen zeigt das Gebäude außen ein Abbild seiner inneren Funktionen und Struktur.

So erkennt man in der hinteren Auskragung von außen klar das Auditorium im Inneren. Mit seiner leicht abgeschrägten Unterseite ist es vom zentralen Bühnenturm abgehängt und mit einer Pausenbar zum Park hin geöffnet. Die vordere, höher angelegte Auskragung beherbergt stadtseitig die Übungssäle sowie die Administration. Diese aus den Rahmenbedingungen abgeleitete Form gibt dem Gebäude einen ganz eigenständigen, unverwechselbaren sowie zeichenhaften Ausdruck.

4

1 Der Zuschauersaal präsentiert sich als Black Box.
2 Das durchgehende Foyer im Erdgeschoss sorgt für einen fließenden Raumeindruck.
3 Die Treppenaufgänge sind zurückhaltend gestaltet und fügen sich harmonisch ein.
4 Die Auskragungen reflektieren die innere Organisationsstruktur und geben dem Gebäude eine unverwechselbare Erscheinung.
5 Schwarz-weiß Kontraste bestimmen das Foyer und den Barbereich.
6 Grundriss des 3. Obergeschosses mit Theatersaal, Bühne und Bar.

1

Architektur	Gian Salis Architektur
Adresse	Flurstrasse 21 5623 Boswil, Schweiz
Fertigstellung	2017
BGF / Sitzplätze	642 m² / 270
Baugattung	Foyer Konzertsaal

KÜNSTLER-HAUS
BOSWIL

BOSWIL, SCHWEIZ

Das Künstlerhaus Boswil ist seit 1953 ein Ort der Kultur. In der Alten Kirche werden klassische Konzerte und Workshops veranstaltet. Das neue, großzügige Foyer für die Konzertbesucher musste auf einem engen, mit einer Ringmauer gefasstem Moränenhügel entstehen, ohne die Atmosphäre des Ortes zu zerstören. Wie ein großes Vordach ist es an die Alte Kirche angebaut. Mit filigranen Verglasungen schützt das Foyer die Konzertbesucher und dient mit seinem schallschluckenden Dach auch als Proberaum. Das elegant geschwungenen Holzdach, die Sitzbank und die Naturstein-Treppe bilden als autonome, kraftvolle Bauteile einen offenen Raum und machen als Komposition das Foyer zum Bindeglied zwischen Kirche und Landschaft. Der Kirchraum ist über eine geschwungene Treppe aus lokalem Mägenwiler Muschelkalk, vom Foyer aus zu betreten. Sie zentriert den Raum und schafft einen Übergang zum Konzertsaal. Hinter der Treppe befindet sich ein Aufzug, der das Gebäude barrierefrei zugänglich macht. Um die Fenster der Kirche nicht zu verdecken und genügend Raumhöhe im Bereich der Treppe zu erhalten, schwingt sich das Dach in gewölbter Form auf.

1   Außenansicht und Einblick in das Foyer.
2   Die Empore ider nicht mehr religiös genutzten Kirche.
3   Eine geschwungene Treppe führt zum Kirchenraum.
4   Außenansicht Süd: Durch das zusätzliche Aufschwingen der Dachecken entsteht der Eindruck eines bewegten Tuches im Wind.
5   Querschnitt Kirche und Foyer mit Umgebung.
6   Grundriss Kirche und Foyer mit Umgebung.
7   Die Außenansicht der Stirnseite.

1

Architektur

spillmann echsle architekten

Adresse

Pfingstweidstrasse 101
8005 Zürich, Schweiz

Fertigstellung

2013

BGF / Sitzplätze

2.600 m² / 360

Baugattung

Tanzschule

TANZ-WERK 101

ZÜRICH, SCHWEIZ

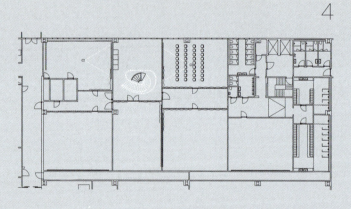

4

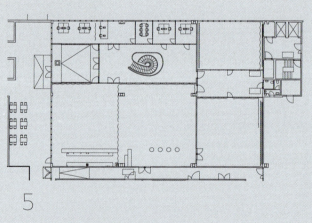

5

Das Tanzwerk 101 befindet sich im aufstrebenden Industriequartier Zürich West. Die Räumlichkeiten dienten vor der Umnutzung zur Bananenreifung und Lebensmittellagerung. Heute gliedert sich die Tanzschule in neun Tanzstudios, ein großes Tanzauditorium sowie Arbeitsräume für verschiedene Nutzungen.

Eine spiralförmige Sichtbetontreppe verbindet den weiten Eingangsbereich mit den darunter liegenden Geschossen. Die großformatigen Raumtrennwände aus Glas ermöglichen eine großzügige Lichtverteilung bis tief in den Gebäudekern. Mit den ausgewählten Materialien Beton, Glas und gelb chromatierten Stahl unterstreichen die Architekten den Industriecharakter des Gebäudes.

1   Die spiralförmige Sichtbetontreppe verleiht dem Eingangsbereich einen besonderen Charakter.
2   Der Industriecharakter wurde in allen Raumeinheiten konserviert und inszeniert.
3   Blick von oben auf die Verbindungstreppe.
4   Grundriss des Untergeschosses.
5   Grundriss des Erdgeschosses.
6   Sichtbeton, Glas und Stahl bestimmen das Design der großzügigen Tanzsäle.

1

Architektur	Ferdinand Heide Architekt
Adresse	Friedrich-Ebert-Allee 1, 65185 Wiesbaden, Deutschland
Fertigstellung	2018
BGF / Sitzplätze	60.000 m² / Halle 1: 5.000; Halle 2: 3.800; Halle 3: 2.500
Baugattung	Kongress- und Veranstaltungszentrum

RHEIN MAIN CONGRESS CENTER

WIESBADEN, DEUTSCHLAND

2

Das Kongresszentrum bildet einen zentralen Ort Wiesbadens. Es wird dem *genius loci* und dem Wunsch nach einer charakteristischen Identität gerecht: Kolonnaden verweben das Gebäude mit seiner Umgebung und reagieren auf die bestehende Bebauung – dem Kurhaus, dem Bowling Green und dem Museum.

Das zugrunde liegende Prinzip des Gebäudes ist eine Schichtung: Der öffentliche Raum wird über die Kolonnaden in den Foyers fortgesetzt. Unterschiedliche Transparenzen und die öffentliche Querung verleihen dem Baukörper eine klare Gliederung und optische Leichtigkeit.

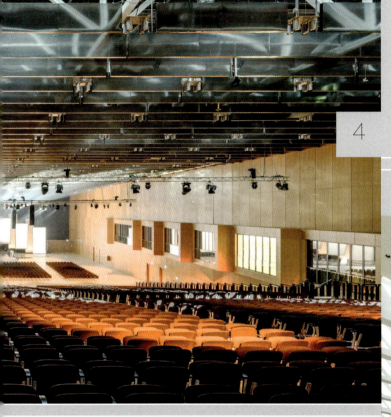

4

5

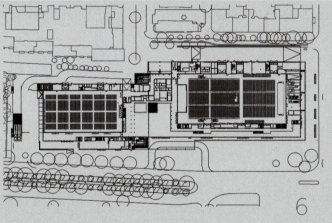

6

1   Der große Saal der Halle 1 bietet Platz für 5.000 sitzende Besucher, davon 2.700 auf einer mobilen Tribüne.

2   Die Kolonnaden nehmen Bezug auf die umliegende Bebauung und schaffen einen harmonischen Übergang zwischen Foyer und dem vorgelagerten Platz.

3   Helle Materialien mit schallabsorbierenden Oberflächen bestimmen Foyer und Treppenaufgänge.

4   Umfassend ausgestattet mit Technik und raumakustisch optimiert, lässt sich der Saal für Kongresse ebenso wie für Veranstaltungen nutzen.

5   Tageslicht und vielfältige Blickbezüge bestimmen den Charakter des Foyers.

6   Grundriss von Halle 1, Halle 2 und dem Foryer.

1

Architektur	Jeker Architekten SIA
Adresse	Bahnhofsstrasse 32 4143 Dornach, Schweiz
Fertigstellung	2015
BGF / Sitz- und Stehplätze	1.000 m² / max. 200 Sitzplätze
Baugattung	Theater

NEUES THEATER DORNACH

2

DORNACH, SCHWEIZ

3

4

6

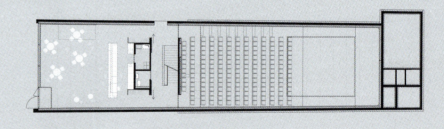
7

Ein neues Theater zu entwerfen und zu bauen gehört zu den speziellen Herausforderungen in der Architektur. Es werden gleichzeitige Ansprüche an die architektonische, räumliche und akustische Qualität gestellt. Überdies bilden die innere Organisation komplexer betrieblicher Abläufe und spezifischer Ausbauten ein dynamisches Spannungsfeld während des gesamten Entwurfsprozesses. Dieser Schwierigkeitsgrad wurde in Dornach zusätzlich durch das enge finanzielle Budget potenziert. Dies erforderte eine hohe Disziplin, eine Reduktion der Mittel und ein spezifisches Gestaltungs- und Materialkonzept.

Entstanden ist ein Bau, der dank seines flexibel gestaltbaren Zuschauerraums auch für Empfänge, Generalversammlungen oder sonstige Festivitäten mit Catering genutzt werden kann. Neben dem breiten Angebot des Theaters finden im Foyer weitere interdisziplinäre Nutzungen einen attraktiven und extrovertierten Raum. Damit wird das Ensemble auch tagsüber belebt und ein gut frequentierter Ort der Begegnung geschaffen.

1   Eine großzügige Glasfassade heißt den Besucher willkommen.
2   Der Zuschauerraum kann flexibel an verschiedene Nutzungsansprüche angepasst werden.
3   Tagsüber wird das Foyer durch ein Café belebt.
4   Durch klare Formen und ein unprätentiöses Design bietet der Zuschauerraum auch einen idealen Rahmen für Kongresse und Versammlungen.
5   Durch sorgfältig gewählte Farbakzente entsteht ein zurückhaltendes, aber angenehmes Ambiente.
6   Beim Entwurf mussten neben strukturellen, akustischen und ästhetischen Anforderungen auch finanzielle Limitierungen beachtet werden.
7   Grundriss des Theatererdgeschosses.

KONZERT-HAUS

BLAIBACH, DEUTSCHLAND

2

Architektur	Peter Haimerl	BGF / Sitzplätze	400 m² / 196
Adresse	Kirchplatz 4 93476 Blaibach, Deutschland	Akustikspezialist	Müller-BBM
Fertigstellung	2014	Baugattung	Konzertsaal

1   Der Konzertsaal mit Blick aus dem Zuschauerraum auf die Bühne.
2   Ansicht des gekippten Kubus mit dem Eingangsbereich.
3   Längsschnitt durch den Kubus.
4   Licht und Schattenspiel auf den Wänden.

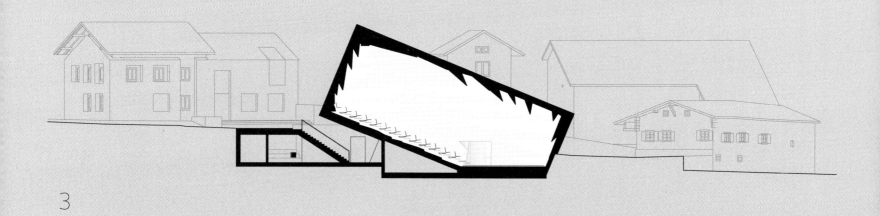

3

Inmitten einer kleinen Gemeinde im Bayerischen Wald entstand ein erstklassiger Kammermusiksaal für 200 Zuhörer. Der Bau, umringt von etlichen Bauernhäusern, wird von den Einwohnern oft auch liebevoll als *Schuhschachtel* bezeichnet, denn die individuelle Form eines großen, schräg aus dem Boden ragenden Quaders verleiht dem Objekt einen sehr eindrucksvollen Charakter. Für die äußeren Wände wurde Beton mit Granitbrocken versehen. Die inneren Wände sind aus Sichtbeton gefertigt, wobei einige Teile aus einem mit recyceltem Glas vermischten Beton zusammengesetzt wurden.

5

5   Der Sichtbeton ist mit recyceltem Glas vermischt.

6   Der Grundriss zeigt den Kubus im Gesamtgebäude.

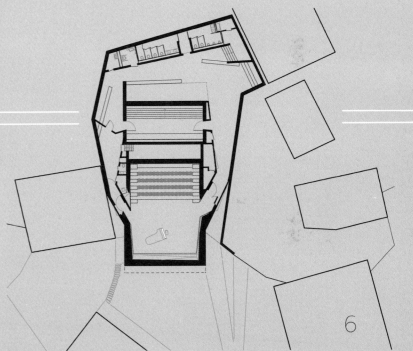

Auch klanglich beeindruckt das Konzerthaus. In enger Abstimmung mit dem Architekten Peter Haimerl hat Müller-BBM eine differenzierte Ausrichtung und Strukturierung der Raumoberflächen sowie der damit einhergehenden Schallführung erarbeitet und mit Hilfe von akustischen Computermodellen weiterentwickelt. Zwischen den aufgefalteten Betonstrukturen sowie unter den Sitzbänken versteckte Schallabsorber optimieren den Raumklang im gesamten Frequenzspektrum.

FRIEDENS-KIRCHE

Architektur	AAg LoebnerSchäferWeber
Adresse	An der Tiefburg 10 69121 Heidelberg, Deutschland
Fertigstellung	2012
Kunst	Harald Kröner
BGF / Sitzplätze	600 m² / 1.000
Baugattung	Sakralbau

HEIDELBERG, DEUTSCHLAND

3

4

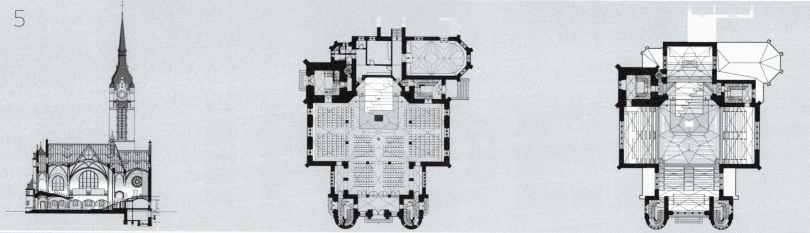

5

Die Friedenskirche bekam als Konzertkirche eine neue Ausrichtung. Die schallharten, historischen Oberflächen des hohen Raums erzeugen eine deutliche Nachhallzeit. Der Raum eignet sich für Orgelmusik, wie auch für Gesangsaufführungen in kleiner und großer Besetzung. Sprache kann elektronisch verstärkt und eingestellt werden und die Lautstärke lässt sich im Erdgeschoss und Obergeschoss genau anpassen. Mit der weiten Fläche des Raumes entsteht ein großräumiger Klang.

Die Renovierungsarbeiten und Generalerneuerung wurden auf das denkmalgeschützte Gebäude angepasst. Die Orgel wurde über die neue Stufenanlage mit neuem Rückpositiv harmonisch in den geöffneten Sakralbau eingebunden. Ein Auszug aus Hölderlins Friedensfeier, als Einschreibung, rückt den versetzten Altar in den Fokus der Gesamterscheinung. Der historische Taufstein wurde zentral in das Innere der Kirche integriert. Die Stimmungen von Gottesdiensten und Konzerten lassen sich individuell über die steuerbare Beleuchtungs- und Beschallungsanlage regeln.

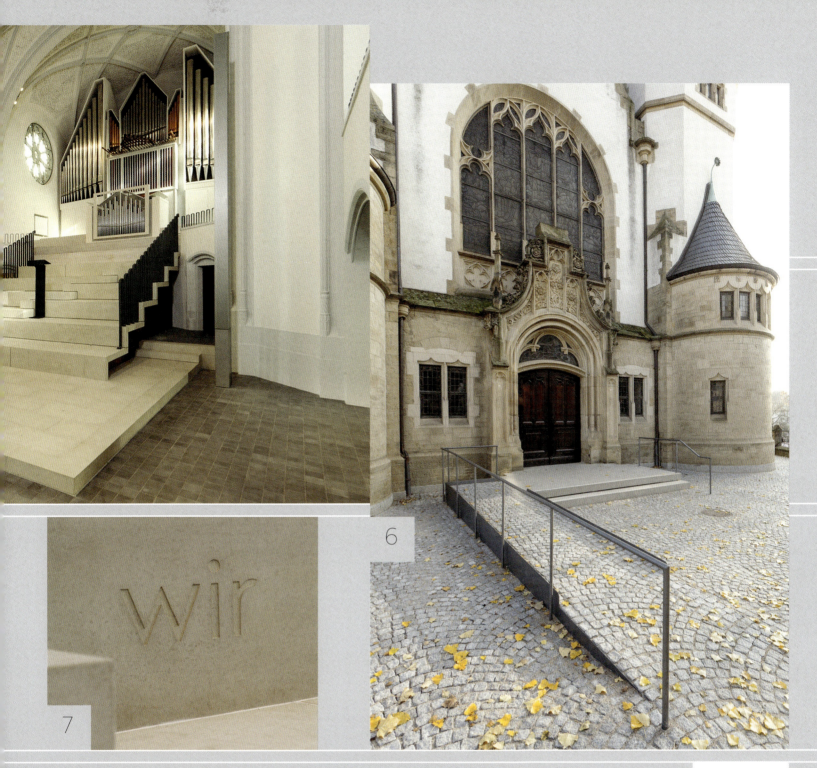

1   Blick von der Empore in den Sakralraum.
2   Stufenanlage mit Prinzipalien.
3   Das Taufbecken mit Kerze.
4   Blick durch den Kirchenraum zur Orgel.
5   Längsschnitt, Grundriss des EG- und des Obergeschosses.
6   Außenansicht mit Portal und Detail der Zugangssituation.
7   Ausschnitt Inschrift der Stufen.

1

Architektur	Idea International
Adresse	Oberlachweg 11–13 35394 Gießen, Deutschland
Fertigstellung	2014
BGF	810 m²
Baugattung	Bar und Club

ADMIRAL MUSIC LOUNGE

GIESSEN, DEUTSCHLAND

2

3

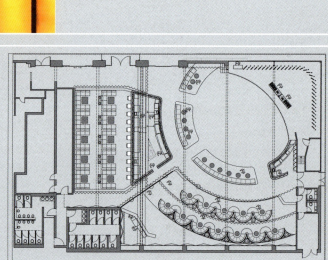

4

6

7

Die neu eröffnete Admiral Music Lounge gehört zu den exklusivsten Clubs Deutschlands. Paris Hilton, Chris Brown, Rhianna und Eminem gehören unter anderem zur internationalen Klientel. Durch die umfassende Sanierung und Reinterpretation des bulgarischen Designbüros Idea erstrahlen Bar und Club in neuem Glanz.

Die Hauptattraktion des neuen Designs bildet der aus 40.000 RPG Pixeln bestehende Kronleuchter. Daneben sorgt der 3-D-Dancefloor für ein einzigartiges Tanzerlebnis. Der ganz in Glas gehaltene DJ-Bereich unterstreicht den surreal-eleganten Eindruck zusätzlich und lässt die einzelnen Clubbereiche verschmelzen. Dieses durchlässige Raumkonzept verwischt die herkömmliche Clubstruktur und verstärkt damit die futuristische Wirkung des Gesamtensembles.

5

1 Auf der großzügigen Tanzfläche tummeln sich internationale Stars.
2 Der futuristische Kronleuchter bildet das Herzstück.
3 Lichtinstallationen ziehen sich durch den gesamten Club.
4 Verschiedene Lichtstimmungen kreieren eine dynamische Atmosphäre.
5 Die gesamte Raumstruktur ist auf die Tanzfläche ausgerichtet.
6 Den Loungebereich bestimmen organische Formen.
7 Grundriss der Admiral Music Lounge.

CHRISTUS-KIRCHE

KÖLN, DEUTSCHLAND

Architektur	Arbeitsgemeinschaft Hollenbeck Architektur | Maier Architekten
Adresse	Dorothee-Sölle-Platz 1 50672 Köln, Deutschland
Fertigstellung	2016
BGF / Sitzplätze	7.400 m² / 199
Baugattung	Sakralbau

KÖLN

1 Die Bögen der historischen Empore heben sich klar ab.
2 Die neue Fassade aus Cortenstahl in Richtung Hof.
3 Turmzimmer mit Backsteingewölbe.
4 Moderne Gebäudeteile flankieren den historischen Kirchturm mit dem Haupteingang.

Aufgeben war für die Christuskirche keine Option, sie hatte immer einen festen Platz in ihrer Gemeinde. Wohnungen, Gewerbeflächen und ein neues Kirchenschiff geben dem Ort eine Zukunft. Starke Flanken rahmen den historischen Kirchturm, sie geben dem Denkmal Halt und sind seine Bestimmung in Form und Erscheinen. Am Rand des Stadtgartens entsteht so ein buntes Bild, welches sich selbstbewusst in das bunte Stadtbild von Köln einfügt und trotzdem noch individuelle Ästhetik aufbringt.

Die Lesart, der mit Öffnungen und Vertiefungen rhythmisch perforierten Baukörper, ist vielfältig. Innen wie auch Außen sind Haus und Skulptur zugleich. Der Kirchraum, mit einem großen Luftraum über die Empore bis hin zum Turmzimmer, zeigt sich von großen Fenstern und dem hellen Putz freundlich und lichtdurchflutet Höhe und Licht, Raum und Öffnung bringen den Besucher Gott in dieser neuen Kirche ein Stück näher – was der eine glaubt, kann der andere hier vielleicht fühlen.

5   Die Orgelempore mit gläserner Brüstung.
6   Blick aus dem Turmzimmer.

NEUAPOS-
TOLISCHE

Architektur
Veit Aschenbrenner
Architekten ZT GmbH

Adresse
Hochsatzengasse 11
1140 Wien-Penzing, Österreich

Fertigstellung
2014

BGF / Sitzplätze
740 m² / 136, 30, 70

Baugattung
Sakralbau

WIEN, ÖSTERREICH
KIRCHE

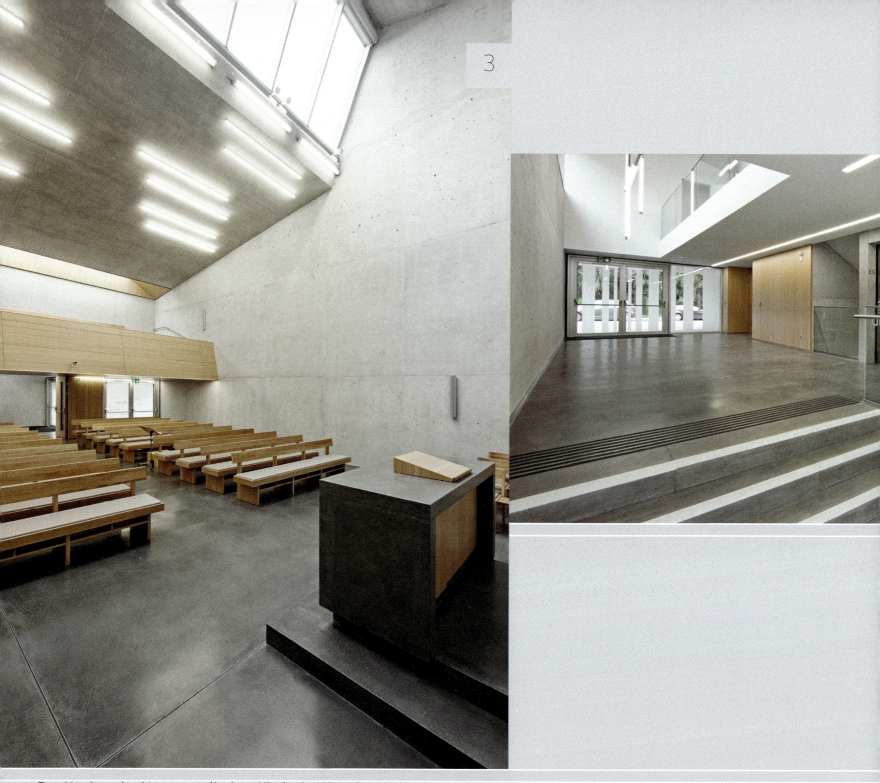

Der Neubau der Neuapostolischen Kirche in Wien-Penzig ist als zeichenhafter Baukörper mit städtebaulicher Wirkung ausgebildet. Der Baukörper nutzt die zulässige Bauhöhe aus und generiert daraus semantischen Mehrwert. Der skulpturale Ansatz mit entschiedenen Öffnungen wird durch die gewählte Bauweise aus Leichtbeton, die einen Baukörper wie aus einem Guss erzeugt, unterstrichen. Diese Bauweise bezieht sich auf den Vers „Du bist der Fels auf den Ich meine Kirche baue" (Matthäus 16, 18–19). Ein Einschnitt in der Straßenfassade bildet den Eingang, der höchste Punkt markiert den Altar. Die Bauplastik interpretiert historische Kirchenbauten mit Glockenturm und ist somit eindeutig als Sonderbau mit sakraler Nutzung erkennbar.

Über den eingeschnittenen Baukörper gelangt man in ein helles Foyer mit seitlichem Oberlicht. Von hier aus betritt man den Kirchenraum mit 145 Sitzplätzen. Durch sein schräges Oberlicht strömt das Licht von Nordwesten auf die über zehn Meter hohe geneigte Wand hinter dem Altar. Die helle Betonfläche reflektiert das Licht diffus, verstärkt die konzentrierte Atmosphäre und erzeugt einen gestimmten und kontemplativen Raum. Das Lichtband über der Empore löst die Decke und öffnet den Raum. Das Materialkonzept ist nachhaltig und zeitlos, Beton als Stein der Zeit in Kombination mit Holzelementen als nachwachsendem Rohstoff. Die monolithische Erscheinung entspricht der Konstruktion und der Raumform.

1   Beleuchteter Kirchengarten am Abend mit Blick in den Sakralraum.
2   Ansicht des Sakralraums der Gemeinde.
3   Der Sakralraum mit Blick auf den Altar und die Sitzbänke.
4   Das Foyer leitet über das Treppenhaus zu den verschiedenen Nutzungsräumen.
5   Isometrische Darstellung des Raumkonzepts.
6   Blick von der Empore in den Sakralraum mit Altar und Orgel.
7   Die Fassade mit dem Eingangsbereich zur Straße.

Architektur

tonarchitektur, Willensdorfer KG

Adresse

Währinger Straße 78
1090 Wien, Österreich

Fertigstellung

2016–2018

Bauleitung

Art for Art
Theaterservice GmbH

Projektleitung

Martin Lukesch

Sitzplätze

1.261

Baugattung

Opernhaus

VOLKS-OPER

WIEN, ÖSTERREICH

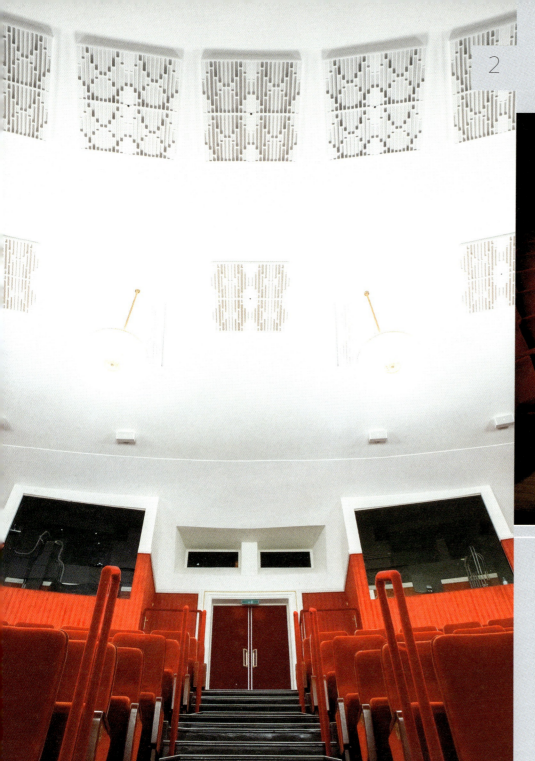

Seit ihrer Eröffnung 1898 durchlebte die Wiener Volksoper eine bewegte Geschichte. 2016 wurde als Planungsgrundlage für die akustische Sanierung des Ensembles eine exakte Rastermessung im Zuschauerraum durchgeführt: Über den kompletten Publikumsbereich wurde ein orthogonales Messraster zur Erfassung der benötigten Akustikparameter gelegt und im Rahmen eines 3-D-Modells visualisiert. Somit erhielt man ein exaktes akustisch-räumliches Image. Dieses Messverfahren wurde seitens der Firma tonarchitektur entwickelt und ausgeführt, das Visualisierungsmodell stellt europaweit ein Novum dar.

Wie erwartet stellte die Galerie beziehungsweise die Deckenkonstruktion oberhalb der Galerie das größte akustische Problem dar. Der erste Schritt im Zuge der Neugestaltung bestand daher darin, bei der Sanierung des Zuschauerraums einerseits für massiv erhöhte Diffusität im Deckenbereich zu sorgen, andererseits störende Reflexionen zu eliminieren. Im Anschluss folgte die Sanierung des Orchestergrabens, der in den Sommerpausen 2017 und 2018 mit neuen Akustikelementen ausgestattet wurde. Das Hörerlebnis für Musiker und Zuhörer konnte durch diese Maßnahmen signifikant verbessert werden.

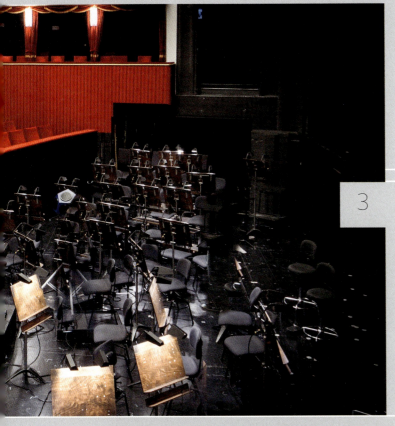

3

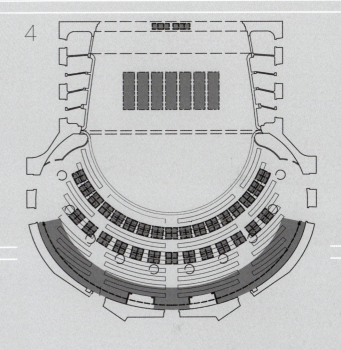

4

5

1   Das Interieur besticht durch die Kombination von Weiß und intensivem Rot.
2   Besonders im Deckenbereich galt es störende Reflexionen zu vermeiden.
3   Durch die Sanierung des Orchestergrabens wurde auch für die Musiker selbst ein aufgewertetes Klangerlebnis geschaffen.
4   Grundriss des Zuschauerraums.
5   Besonderes Augenmerk lag auf der Neugestaltung der Deckenkonstruktion über der Galerie.

1

2

Architektur	mbakustik
Adresse	Markgröninger Straße 46 71634 Ludwigsburg, Deutschland
Fertigstellung	2018
BGF	90 m²
Baugattung	Tonstudio

BAUER STUDIOS
LUDWIGSBURG, DEUTSCHLAND

1   Regieraum mit stoffbespannter Seitenwand und Echtholzdiffusoren.
2   Blick in den Aufnahmeraum.
3   Links der Aufnahmeraum und vorne die Regie vom Korridor aus.
4   Aufnahmeraum mit Blick zur Regie.

Mit dem Umbau des ältesten, deutschen Tonstudios wurde eine Kombination aus Tradition und Moderne geschaffen. In der Markgröninger Straße wurden Regie- und Aufnahmeraum vertauscht. Der Regieraum verfügt über 50 Quadratmeter und bietet so genügend Raum für den Betrieb eines modernen 3D-Audioformats. Eine modulare Mischkonsole mit 24 Fadern steht als Controller zur Verfügung, durch die zwei Meter breite Leinwand und HD-Projektion lässt sich Ton parallel zum Bild bearbeiten. Hinter großflächig gespanntem Stoff verbergen sich breitbandige Absorber, die auch im Bassbereich wirksam sind. Durch Licht und Farbe entsteht Ruhe und ein Raum, der die Aufmerksamkeit auf das Wesentliche lenkt.

Regie- und Aufnahmeraum sind über einen Korridor zu betreten, die neue Trennwand wurde aus einer mehrlagigen Trockenbauwand, teils mit Quarzsand gefüllt, errichtet. Die gegenüberliegende Wand des Korridors besteht aus unverputztem Beton aus der Gründungszeit der Bauer Studios und zeigt deutliche Abnutzungsspuren. Im Aufnahmeraum wurde eine abgehängte Decke mit Lichtausschnitt unter die bestehende Lichtkuppel gesetzt. So wird Tageslichteinfall gewährleistet und werden Störgeräusche vermieden.

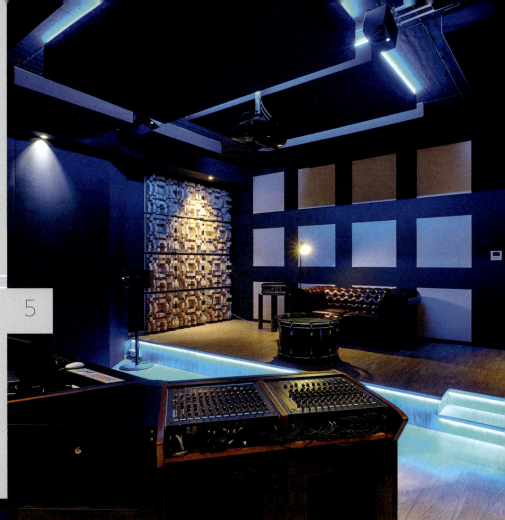

5

6

7

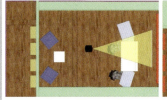

8

5   Echtholzdiffusoren in der Seitenwand der Regie.
6   Rückwand der Regie mit eingelassenen Bassfallen.
7   CAD-3D-Längsschnitt der Bauer Studios.
8   CAD-Aufsicht der Studios in 2D.

ARLBERG
ST. CHRISTOPH AM ARLBERG, ÖSTERREICH

Architektur	Kitzmüller Architektur
Adresse	St. Christoph 1 6580 St. Anton am Arlberg, Österreich
Fertigstellung	2015
BGF / Sitzplätze	10.000 m² / 240
Baugattung	Kunsthalle

1800

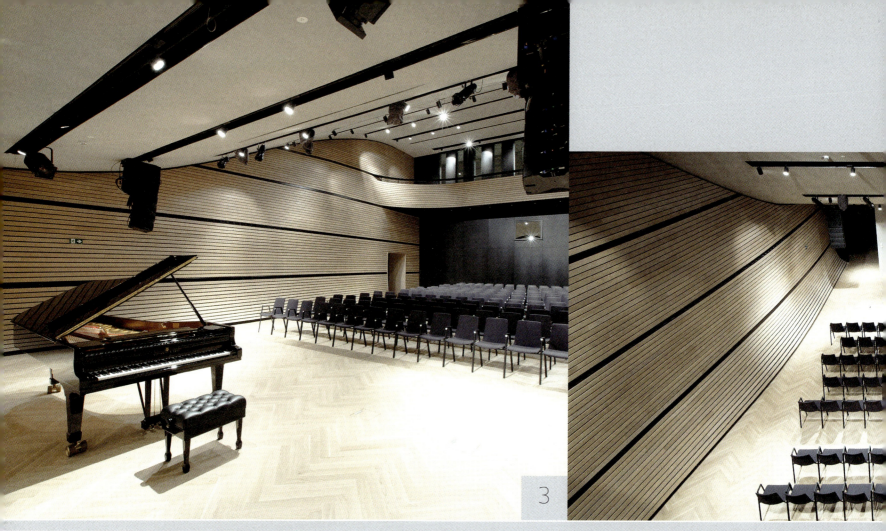

3

Auf knapp 1.800 Metern Seehöhe wurde neben dem bereits bestehenden 5-Sterne-Hotel Arlberg Hospiz St. Christoph das ambitionierte Kulturprojekt Arlberg 1800 realisiert. Dieses umfasst ein unterirdisches multifunktionales Kunst- und Veranstaltungsensemble mit Konzertsaal auf zwei Ebenen. Während das zweite Untergeschoss fast ausschließlich aus Technikräumen sowie Lagerflächen besteht, bietet das erste Untergeschoss öffentliche Räumlichkeiten wie Veranstaltungs-, Seminar- und Ausstellungsbereiche. Das Gebäude ist über den Haupteingang im Erdgeschoss zu betreten.

7

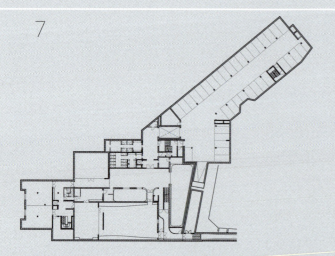

Von hier aus gelangt Tageslicht in die Kunsthalle und eröffnet erste Einblicke in den acht Meter hohen Ausstellungsraum und in das Herzstück des Arlberg 1800: den Konzertsaal. Seine Decke schwingt – einem aufgeklappten Konzertflügel gleich – aus dem Boden und bildet zusammen mit der Eingangshalle eine in Beton gegossene Welle. Diese ist mit einer Fassade aus unterschiedlich gedrehten Schwarzblechlamellen versehen. Innen beeindruckt der Konzertsaal durch dreidimensional gekrümmte Wandflächen aus geschwungenen Eichenlamellen.

1 Die Galerie schwingt sich formal aus der Wand heraus.
2 Die Stufen der Treppe tragen Bergsilhouetten der Künstlerin Eva Beierheimer.
3 Die Konzerthalle von der Bühne aus gesehen.
4 Blick von oben in die Konzerthalle.
5 Längsschnitt und Grundriss deder Konzerthalle.
6 Die Decke der Konzerthalle zieht sich zur Bühne herab.
7 Grundriss des Gesamtensembles.

1

Architektur	PFP Planungs GmbH Prof. Jörg Friedrich Hamburg
Adresse	Wettiner Platz 1 01067 Dresden, Deutschland
Fertigstellung	2016
BGF / Sitzplätze	34.970 m² / 750, 300, 150, 100
Baugattung	Theater

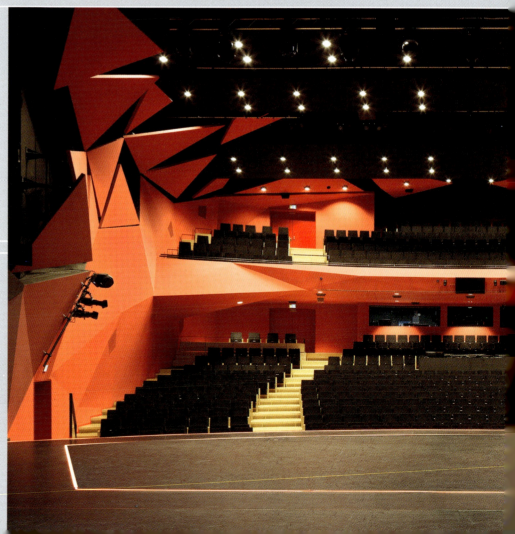

KRAFT-WERK MITTE

DRESDEN, DEUTSCHLAND

2

1 Zusammenspiel von Alt- und Neubau.
2 Großer Saal der Staatsoperette mit Blick in den Zuschauerraum.
3 Der Probenraum für das Orchester.
4 Das Foyer im alten Maschinenhaus.

3 4

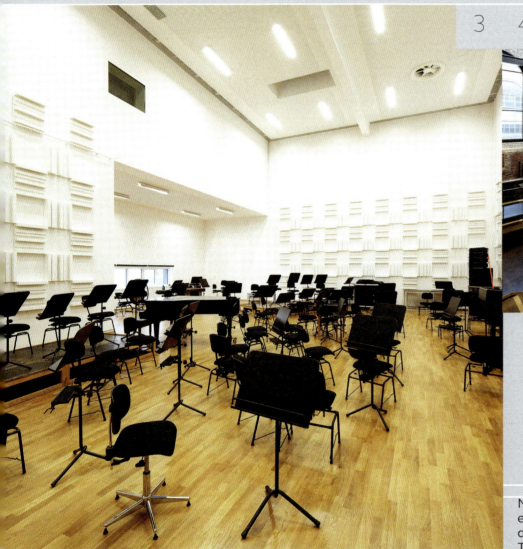

Nahe des Zentrums wurde eine Industriebrache, ein riesiges stillgelegtes Kraftwerk mit denkmalgeschützten Maschinenhallen und Turbinenhäusern, saniert und zu einem zeitgemäßen Haus für den Kulturbereich umgebaut. Das Gebäude bildet eine urbane Ergänzung zu Dresdens historischer Mitte, wobei der Ausgangspunkt in der oft vergessenen industriellen Geschichte der Stadt liegt. Der Theaterneubau bildet den Kern des Komplexes, benachbarte Altbauten werden von der Musikhochschule, dem Schütz-Konservatorium und der Stiftung *Weiterdenken* genutzt.

Die Maschinenhallen wurden in das Konzept integriert, wobei die Theatergasse als Ouvertüre zum neuen Haus bespielt werden kann. Die Fassade setzt sich aus Cortenstahlblech und weißem Profilglas zusammen. Es entstehen moderne, spannungsvolle Elemente. Die verklinkerten Bühnentürme vereinheitlichen das Gesamtbild und schaffen Kontinuität in der Gestaltung. Publikums- und Besucherbereiche sind den vier entstandenen Spielstätten (Staatsoperette, Kinder- und Jugendtheater, Puppen- und Studiobühne) vorgelagert. Im Backstagebereich finden sich Hinter-, Seiten-, und Probebühnen, wie auch Orchester- und Chorproberäume. Das Kraftwerk Mitte bietet Platz für insgesamt 1.300 Zuschauer und 400 Angestellte.

5   Großer Saal der Staatsoperette.
6   Grundriss des Erdgeschosses.
7   Die perforierte Fassade aus Cortenstahlblechen.

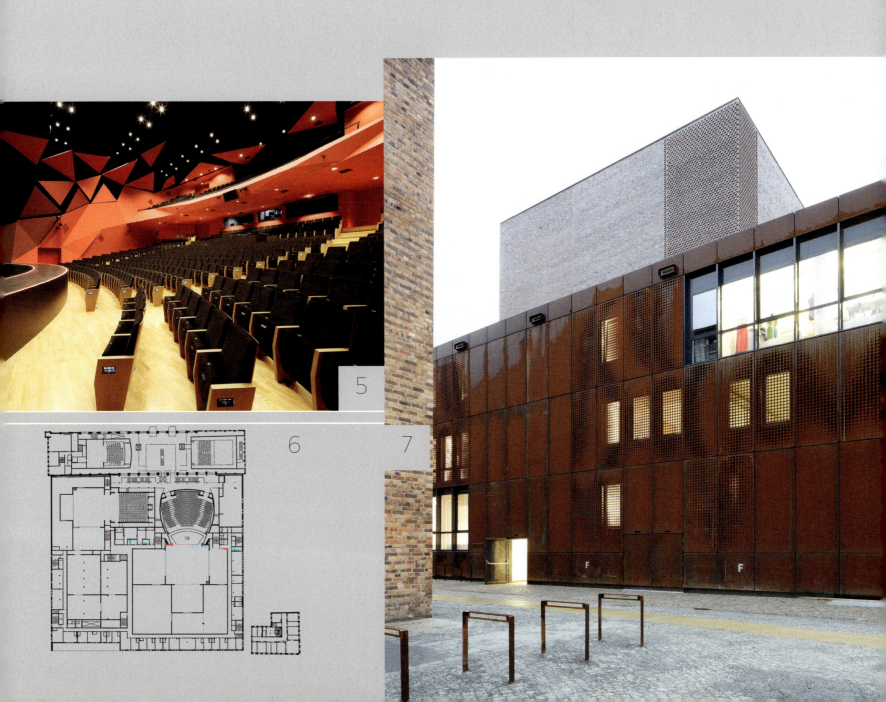

THE PEARL

BERLIN, DEUTSCHLAND

Architektur	Idea International
Adresse	Fasanenstraße 8 110623 Berlin, Deutschland
Fertigstellung	2012
BGF	780 m²
Baugattung	Bar und Club

3

Das Pearl verbindet die Verwegenheit West-Berlins mit technischer Präzision und schafft so eine Kombination aus futuristischem Design und organisch anmutender Formensprache. Als zentraler Knotenpunkt fungiert die extravagante Barinsel. Ausgestattet mit 25.000 Stahlwellen und mehr als 700 LED-Elementen zieht sie als Knotenpunkt die Blicke der Besucher auf sich.

Eine Besonderheit sind die von der Decke herabhängenden Leuchtfäden. Bestehend aus filigranen Acrylröhren ziehen sich die Lichtinstallationen als Alleinstellungsmerkmal durch den Club und unterstreichen die futuristische Atmosphäre. Für die Tanzfläche wählte Idea oktogonale Lichtpyramiden, die für ein dynamisches und sich ständig veränderndes Lichtambiente sorgen. Als Hauptattraktion des Clubs entführt die surrealistisch elegante Tanzfläche den Besucher in eine andere Welt.

1   Die organisch geformte Bar dient als zentraler Knotenpunkt.
2   Lichtinstallationen dominieren das gesamte Design des Clubs.
3   Filigrane Acrylröhren kreieren surreale Lichtwolken.
4   Die Tanzfläche entführt den Besucher in eine andere Welt.
5   Der Loungebereich wirkt warm und elegant.
6   Grundriss des Clubs.

Architektur	Studio Seilern Architects
Adresse	Bärengasse 1 6490 Andermatt, Schweiz
Fertigstellung	2019
BGF / Sitzplätze	2.072 m² / 663
Baugattung	Konzerthaus

ANDER-MATT

ANDERMATT, SCHWEIZ

CONCERT HALL

1 Balkon und Schalldämmung hängen von der Decke ab.
2 Blick auf die Wand des Foyers.
3 Außenansicht der Fassade mit der skulpturalen Schalldämmung.
4 Der Blick geht von der Galerie bis ins Freie.
5 Die Skizze zeigt den offenen Blick ins Innere.

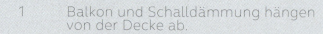

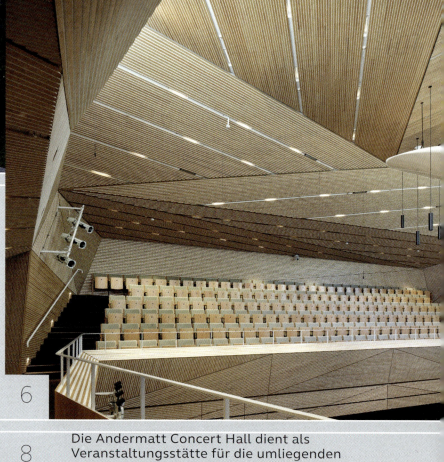

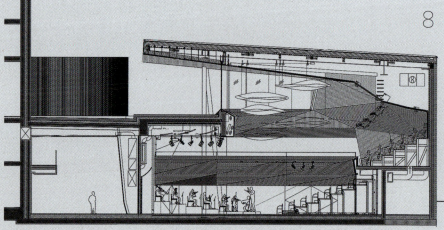

Die Andermatt Concert Hall dient als Veranstaltungsstätte für die umliegenden Hotels. Der Plan war, den Betonkubus als Konferenz- und Messelocation zu verwenden. Das Architekturbüro Studio Seilern Architects vergrößerte den Luftraum, um so einen größeren Klangraum zu schaffen. Es entstand eine Art Gebäudeskulptur, die sich in die umgebende Bebauung einpasst. Ebenso wurde die Idee des klassischen Konzertsaals als in sich gekehrtes Gebäude umgekehrt. Der Innenraum wird von unterschiedlichen Deckenhöhen durchzogen. Die an Origami erinnernde Anordnung im Konzertsaal lässt den Raum offen und verspielt wirken.

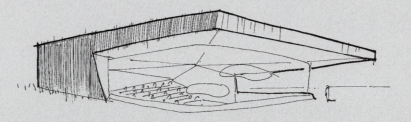

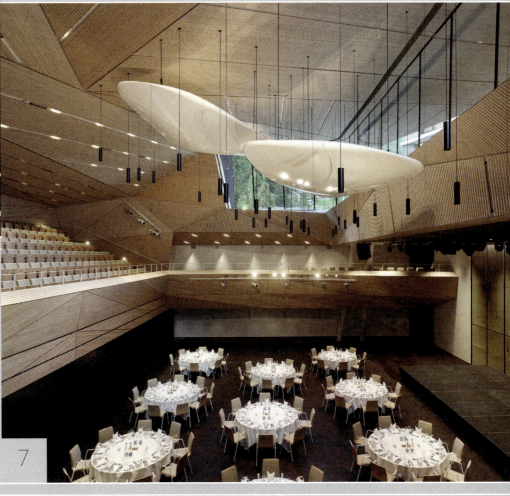

Mit der endgültigen Umsetzung entstand ein multifunktionaler Raum, wie auch ein Konzertsaal. Dieser bietet Platz für 663 Besucher und ein Orchester von 75 Musikern. Über eine große Glasfassade dringt natürliches Licht in den Raum, zusätzlich wird je nach Jahreszeit der Ausblick für die Zuschauer zu einem Teil der Veranstaltung. Sommerliche oder winterliche Atmosphäre verbinden sich so mit Musik und Architektur. Die Schalldämmung wurde skulpturartig über Aufhängungen angebracht. Sie wird auf Höhe des Erdgeschosses zum optischen Merkmal der Fassade.

6 Blick hinauf in den Tageslichtbereich.

7 Als Multifunktionsraum kann der Innenraum auch anderen Zwecken dienen.

8 Der Schnitt zeigt die offene Struktur.

20

JAZZ

SYMPHONIE

KANTATE

ARIE

TECHNO

HARDROCK

KONZERT

ANHANG

BLUES

MONOLOG

SCHLAGER

OPER

INDEX

3deluxe www.3deluxe.de	98
AAg LoebnerSchäferWeber www.architekten-ag.de	130, 170
AEBI & VINCENT ARCHITEKTEN www.aebi-vincent.ch	62
ahrens & grabenhorst architekten stadtplaner BDA www.ahrensgrabenhorst.de	66
AMA Group Associates Architects www.ama-group.info	138
Art for Art Theaterservice GmbH www.artforart.at	74, 186
Atelier Achatz Architekten www.atelier-achatz.de	122
Thomas Baecker Bettina Kraus Architekten www.tbbk.de	90, 114
Bez + Kock Architekten www.bez-kock.de	22
marc benjamin drewes ARCHITEKTUREN www.marcdrewes.com	54
Max Dudler www.maxdudler.de	110
Duisburg Kontor Hallenmanagement www.duisburgkontor.de	14
DÜRIG www.duerig.org	146
Fischer Architekten www.fischer-architekten.ch	34
Franz&Sue www.franzundsue.at	46
Freimüller Söllinger Architektur ZT GmbH www.freimueller-soellinger.at	134
Ivano Gianola, Mendrisio www.ivanogianola.com	82
Harald Godula	134
boparchitects www.boparchitects.com	142
Bühnenplanung Walter Kottke Ing www.bwki.de	103
Busmann + Haberer	14
Caduff & Stocker Lichtplanung www.lichtplanungen.ch	94
Dietrich	Untertrifaller Architekten ZT www.dietrich.untertrifaller.com	118
Haack + Höpfner . Architekten www.haackhoepfner.de	78
Peter Haimerl www.peterhaimerl.com	166
Ferdinand Heide Architekt www.ferdinand-heide.de	158
Hollenbeck Architektur www.hollenbeck-architekten.de	178

Ingenieurbüro Axel C. Rahn www.ib-rahn.de	86
Idea International www.idea.bg	174
Jeker Architekten SIA www.jekerarchitekten.ch	162
Jeong-Hoon Kim	54
Kahle Acoustics www.kahleacoustics.com	22
Kienle Plan, Prof. Kienle + Partner http://www.kienleplan.de	103, 110
Kitzmüller Architektur www.kitzmueller-architektur.at	194
Klaus Architekten BDA www.klaus-roth.de	58
Harald Kröner www.haraldkroener.de	170
Till Robin Kurz Architekt www.tillrobinkurz.de	26
MAIER ARCHITEKTEN www.maier-architekten-koeln.de	178
mbakustik www.mbakustik.de	190
Architekturbüro Bernhard Mensen	22
MMJS Jauch-Stolz Architekten AG www.mmjs.ch	30
Müller-BBM www.muellerbbm.de	22, 42, 79, 82, 94, 103, 118, 166
Nau2 www.nau2.com	18
nbundm* www.nbundm.de	38
O&O Baukunst www.ortner-ortner.com	86
Optimist www.optimistinc.com	18
PFP Planungs GmbH Prof. Jörg Friedrich Hamburg www.pfp-architekten.de	106, 198
Planet Architects www.planet-architects.com	134
Querkopf Architekten www.querkopf-architekten.de	50, 70, 126
Gian Salis Architektur www.giansalis.ch	150
Schenk+Waiblinger www.schenk-waiblinger.de	138
spillmann echsle architekten www.spillmannechsle.ch	94, 154
Studio Seilern Architects www.studioseilern.com	206
Szynajowski Akustik www.szynajowski-akustik.com	66
Theater Engineering Ingenieurgesellschaft mbH www.te-ing.de	86
tonarchitektur, Willensdorfer KG www.tonarchitektur.at	74, 134, 186
undplus www.undplus.com	142
Veit Aschenbrenner Architekten ZT GmbH www.vaarchitekten.com	182
vielmo architekten www.vielmo.de	103
Vleugels Orgelmanufactur www.vleugels.de	78
Eberhard Wimmer Architekten BDA www.eberhard-wimmer-architekten.de	42

3deluxe	98–101
Daniele Ansidei	142–145
Beierle	166–169
Benreis / Wikimedia Commons CC-BY 3.0	8 (4)
Thomas Berns, Duisburg	15 (2), 16 (5), 16 (6), 17 (7)
Hannes Bieger, Berlin	54–57
Jan Bitter, Berlin	18–21, Rückumschlag (3)
Egbert de Boer	140 (4, 6)
Christian Buck, Heidelberg	170–173
Stefano di Buduo, Rom	38, 40 (3)
Achim Bunz	42–45
Ralf Buscher, Hamburg	103 (2, 5), 104 (8), 198–201
Allie_Caulfield / flickr.com / CC-BY 2.0	11 (1)
dronepicr / Wikimedia Commons / CC-BY 2.0	11 (2)
Fotostudio Pagi	82–85
Roger Frei, Zürich	154–157
Freimüller Söllinger Architektur, Fotograf: a.ehrenreich	134–137
Brigida González, Stuttgart	24–25, 58–61, 102–105
Goris DE / Wikimedia Commons / CC-BY 3.0	114
Hanna Haböck	74–77
Roland Halbe / www.rolandhalbe.de	66–69, 119–120, 206, 208–209
Axel Hartmann	178–181
Elias Hassos	194–197
Michael Heinrich, München	78–81
Malte Heinze	90–93
Oliver Helbig	116–117
Jim Henderson / Wikimedia Commons / CC-0	10 (3)
Hannes Henz, Zürich	94–97
Florian Holzherr	123
Hertha Hurnaus	182–185
Ingersoll / Wikimedia Commons / CC-0	8 (3)
Kahle Acoustics	22 (1),
Ulrich Kaifer, Köln	26–27, 29
Omer Kanipak	207
Lilli Kehl, Basel	162–165
Henning Koepke, München	40 (2, 5), 41 (4)
krischerfotografie, Duisburg	14 (1), 16 (3)
Kurt Kuball	46–49

FOTO

Till Robin Kurz	28 (3)
LIQUID Photography / Frank Löschke	50–53, 70–73, 126–129, Umschlag (2)
Minko Minev, Sofia	174–177, 202–205, Rückumschlag (5)
Stefan Müller, Berlin	86–89, 110–113
Müller-BBM	121
Thomas Ott, Mühltal	130–133, 158–161, Umschlag (1)
PFP Planungs GmbH	108 (6), 109 (3, 4)
Andreas Praefcke / Wikimedia Commons CC-BY 3.0	10 (4)
Randreu / Wikimedia Commons / CC-BY 3.0	9 (1)
Gian Salis Architektur	151–153
Adrian Scheidegger, Bern / Alexander Jaquement, Erlach	62–65
Steffen Schmid	191–193
Christoph Schroll	138–139, 140 (3), 141
Sarah Stierch / Wikimedia Commons / CC-BY 2.0	7 (2)
Chris van Uffelen	6–7 (1)
Stefanie Waldecker	186–189, Rückumschlag (4)
Ruedi Walti, Basel	146–149
Roman Weyeneth	34–37, Rückumschlag (1)
Jann Wilken, Hamburg	107
Christian POGO Zach	124–125, Rückumschlag (2)
Reinhard Zimmermann, Baar	30–33

NACHWEIS

IMPRESSUM

Die Deutsche Bibliothek verzeichnet diese Publikation in der Deutschen Nationalbibliografie; detaillierte bibliografische Informationen sind im Internet unter http://dnb.d-nb.de abrufbar.

ISBN 978-3-945539-14-9
© 2020 ff publishers GmbH
www.ffpublishers.de

Dieses Werk ist urheberrechtlich geschützt. Jede Verwendung außerhalb der engen Grenzen des Urheberrechtsgesetzes, der keine schriftliche Berechtigung durch den Verlag erteilt wurde, ist unbefugt und strafbar. Dies gilt, auch auszugsweise, insbesondere für Vervielfältigungen, Übersetzungen, Verbreitung durch Bild, Funk Fernsehen oder Internet, durch fotomechanische Wiedergabe, Tonträger und das Abspeichern oder die Verarbeitung in elektronischen Systemen sowie Datenverarbeitungssystemen jeder Art.

Erste Auflage 2020

Projektkoordination: Redaktionsbüro van Uffelen
Redaktion, Herstellung und Satz:
Jonas Haas, Julia Habenicht, Julia Heinemann
Layoutkonzept: Alina Wandrei

Rechte
Alle Rechte an den Fotografien liegen bei den Fotografen (siehe Abbildungsverzeichnis Seite 214, die eingeklammerten Zahlen nennen die Bildnummern) Alle dort nicht genannten Bilder, insbesondere Pläne und die Ton und Filmbeispiele im Internet wurden von den Architekten zu Verfügung gestellt.

Titelbilder:
Oben: RheinMain CongressCenter, Thomas Ott, Mühltal. Unten: Noho, LIQUID Photography / Frank Löschke.

Rückumschlag:
Oben: Konservatorium Zürich, Roman Weyeneth. Staatstheater am Gärtnerplatz, Christian-POGOZach. Red Bull Studios, Jan Bitter, Berlin.
Unten: Volksoper Wien, Stefanie Waldecker. The Pearl, Minko Minev, Sofia.

Alle Informationen in diesem Band wurden nach dem besten Wissen der Redaktion zusammengestellt. Das Buch basiert auf den Informationen, die der Verlag von den Architekten erhielt, und schließt jegliche Haftung aus. Der Verlag übernimmt keine Verantwortung für die Richtigkeit und Vollständigkeit sowie Urheberrechte und verweist auf die angegebenen Quellen (Architekten).

HAFTUNGSAUSSCHLUSS FÜR LINKS

Mit Urteil vom 12. Mai 1998 - 312 O 85/98 - *Haftung für Links* hat das Landgericht (LG) Hamburg entschieden, dass man durch das Setzen eines Links, die Inhalte der gelinkten Seite ggf. mit zu verantworten hat. Dies kann – so das LG – nur dadurch verhindert werden, dass man sich ausdrücklich von diesen Inhalten distanziert. Hiermit distanzieren wir – der Autor, die Redaktion und der Verlag – uns ausdrücklich von den verlinkten Seiten.